De madres a hijas

Christina Balinotti, escritora y conferencista argentina. Bachiller en Ciencias Sociales con estudios superiores en Psicología y tres años complementarios de Filosofia y Letras en Buenos Aires, Argentina.

Desde el 2000 reside en la ciudad de Miami, donde se desempeña como analista internacional de TV y Radio, investigadora de la criminalidad y suicidios de nuestros adolescentes con relación a la ausencia materna en las sociedades desarrolladas.

A través de su Fundación Christina Balinotti realiza conferencias y talleres anuales en diversas universidades de la Florida (FIU, UM, SUAGM) e importantes locaciones de Miami con el fin de educar a la mujer en la necesaria recuperación de los valores familiares.

Durante el 2013 presentó un programa radial en Radio Nova Internacional y un TV Show semanal en Telemiami, donde analizaba junto con sociólogos, historiadores y psicólogos el rol de la mujer en la cultura occidental.

Orgullosa madre y abuela.

Feminidad Holística, presenta:

De Madres a Hijas

El ABC de la familia

CHRISTINA BALINOTTI

A las futuras madres. A las abuelas e hijas del presente y del futuro. A mis amadas Bárbara y Petra. En la certeza que estas líneas proyectaran una luz de esperanza en el camino de sus vidas. Hoy y siempre.

*Muéstrame el rostro de tu madre
y te diré quién eres.*

Kahlil Gibran

ÍNDICE

PRÓLOGO

Si deseamos ser profesionales vamos a la Universidad. Ya sabes. Con el deseo no alcanza. Debemos capacitarnos. Obtener un título. Sin embargo, para la carrera más importante de nuestra vida, ser padres, no hay colegios ni facultades. Como se dice en mi país, estamos a la buena de Dios en el asunto. Mientras el médico estudia largos años antes de atender su primer paciente o el abogado memoriza tratados y leyes para implementar justicia, nosotros tenemos hijos como si sólo bastara con las ganas. Y en este sentido, la cultura no ayuda. Promueve el desarrollo económico. El éxito y la competencia laboral. Cursos y seminarios para ser mejores negociadores. Ganar mucho dinero. Eso sí que abunda. Y digamos la verdad, el dinero es necesario pero hay que equilibrar las cosas. Priorizar.

Uno entiende los problemas cuando habla de ellos dijo alguna vez Ortega y Gasset. Por lo tanto, debemos hablar de esta cuestión para entendernos como individuos y como sociedad. Hablar de la ignorancia que padecemos en materia de parentalidad. De la indiferencia social frente a la falta de padres en el hogar. Problema que nos golpea con sus consecuencias diarias; niños y adolescentes que huyen, cometen suicidio, masacran o se drogan. Niños golpeados y vejados no sólo por personas enfermas ajenas a la familia sino también por los propios padres. Sin contar las violaciones sexuales, el castigo físico como medida disciplinaria, sigue a la orden del día. "Una paliza y un beso lo arreglan todo" suele decirse. Pero el golpe, el azote o la cachetada son desahogos momentáneos del adulto. Descontrol emocional de unos padres sin guía que hacen lo que pueden lo que con ellos hicieron. Nada arreglan y mucho dañan. Pegar es signo de frustración. De falta de palabras para hacerse entender. No has sabido ganarte su confianza. Empatizar con él para comprender lo que le pasa. Para lo cual necesitas tiempo, disponibilidad física y emocional.

Ojos que no ven, corazón que no siente, la negación de esta situación opera como un mecanismo de defensa que nos impide tomar conciencia y dejar de señalar afuera lo que sólo encontraremos en nosotros, los padres.

Con bastante frecuencia los medios televisivos y radiales reflejan esta dolorosa realidad pero nada se logra al cabo. La sociedad marcha hacia un vertiginoso desarrollo científico y tecnológico, mientras la familia se dirige hacia un no menos vertiginoso subdesarrollo de valores, principios, autocrítica y sentido de la alteridad. ¿Qué seremos en el futuro? ¿Una comunidad de seres sin ancla emocional? Sin raíces ni pertenencia. Sin afectos. ¿O quizás ya estamos padeciendo ese futuro? ¿Buscamos *ser* o *tener?*, famoso dilema planteado por Jean Paul Sartre. El científico Nikola Tesla confiaba en la contribución del progreso al mejoramiento de la condición humana, pero desconfiaba en la contribución tecnológica a dicha condición. A pesar que en muchos casos constituye una excelente herramienta de trabajo, en otros conduce a un serio deterioro de nuestras relaciones familiares. Hoy los hijos se refugian en las redes sociales y celulares dando rienda suelta a su sed de comunicación y diálogo. A diferencia de los padres modernos los dispositivos tecnológicos están siempre al alcance de la mano. En principio, concebida para mejorar nuestra calidad de vida, la tecnología se ha transformado hoy en una pesadilla para la familia. Peligrosa porque obstaculiza el desarrollo de aquellos sentimientos que nos unen en convivencia pacífica; empatía, gratitud, compasión a partir de una sana autoestima. Por otro lado, el anonimato propuesto por Internet contribuye a la profundización de tendencias negativas e inclinaciones dormidas. Hoy sabemos que aquellos niños con severas patologías psiquiátricas o ciertos trastornos de personalidad tienen mayores chances de ser violentos si las circunstancias socio-familiares lo favorecen. Por el contrario, resultan personas felices si poseen padres atentos que buscan ayuda y los contienen. Tomemos como ejemplo la tragedia de Sandy Hook donde un joven autista mata a su madre y a múltiples compañeros de colegio para luego suicidarse. Sabemos que Adam Lanza de 20 años vivía recluido en el sótano de su casa mirando videojuegos violentos. La peor actividad para quien padece un trastorno que, por sus características clínicas lo llevan al aislamiento y la incomunicación. Los mandatarios del mundo expresaron sus condolencias. El papa Benedicto XVI pidió a Dios traer consuelo y Obama afirmó que algo debemos hacer. El control de armas fue el protagonista del asunto. Nadie pudo articular un pensamiento relacionado con la educación de los padres. Una organización gubernamental capacitada para enseñar a educar hijos sanos, y también, aquellos otros que padecen trastornos psicológicos y enfermedades psiquiátricas. Culpar a los hijos no es la solución, por el contrario, debemos replantear nuestra responsabilidad en el asunto ¡Cuántas muertes se podrían evitar! Digámoslo porque es así; tres figuras indispensables acompañan la vida del niño, *madre, padre y maestro*. Sin embargo, observa que, el maestro en su importancia, no es el educador sino los padres, comenzando por la figura más significativa en el entorno del pequeño; la madre. Hoy ya no hay madres en el hogar los primeros años en la vida de un niño. Y cuando digo "madres en el hogar" no me refiero a mujeres esclavas de la casa como en los años 60'. Me refiero a un saludable término medio. Por ejemplo, permanecer junto a ellos la mayor parte del tiempo durante su primera infancia. Facilitar, luego, el despegue lento. Quemar etapas con el hijo. Ir de a poco. Todo en la vida lleva un proceso. Hoy adelantamos, forzamos, vivimos contra el reloj. La vida para la mayoría de la gente se ha tornado una sucesión de obligaciones y deberes que nos fuerza a vivir de manera cada vez más acelerada. En todos los órdenes de la existencia estamos acostumbrados a exigir definiciones rápidas porque no podemos esperar. El apuro y el estrés gobiernan nuestra vida. Lo triste y preocupante es que este apresuramiento maneja con preponderancia la vida de la mujer. Debido a ello, las mujeres no hemos encontrado todavía nuestro equilibrio interno. El saber quiénes somos, qué deseamos y cuál es nuestro rol sustancial en la escena de las sociedades. Como un valioso instrumento que nadie sabe afinar, tú amiga mujer, no has podido aún entregar tus mejores notas y melodías en la sinfónica conjunta de la vida personal y familiar. De esto se trata el presente libro. Escuchar el repicar de una campana diferente. Un faro en medio de la oscuridad. Para que te relaciones mejor con tus hijos y tu función materna. Si estas confundida y no sabes qué hacer. Si por el contrario todo te ha salido bien y eres la excepción de la regla, aun así algo te sorprenderá amablemente en estas líneas que puedas rescatar. La herencia femenina *de madres a hijas*, debe ser un testamento de paz, consolidación de la vida y la unión familiar.

Como cultura hemos renunciado a la idea de crecimiento en conjunto en aras del crecimiento individual. No comprendimos que el plan del universo es un plan holístico de trabajo y desarrollo colectivo. Donde cada quien ocupa un lugar, lleva asignada una tarea. La familia, como tal, debe ser reflejo del equilibrio universal. De la creación. *noche-día, sol-luna*. *Madre-padre* con diferentes roles y tareas.

En este contexto individualista y de nuevo, falto de educación parental, muchas mujeres independientes, con óptima situación económica y muy poco tiempo disponible planean tener hijos sin padre. En algunos casos hijos de probeta con donante anónimo o conocido. Un amigo, el ex-marido. Hijos del deseo. Un deseo personal, que aunque válido, no convive con la idea de maternidad. Inclusive en un matrimonio bien constituido, los hijos biológicos o hijos adoptivos deben ser concebidos desde una actitud responsable. Supeditando las ganas a la planificación consiente de la familia. ¿A qué me refiero? Si eres soltera y tu éxito económico está basado en largas jornadas laborales fuera del hogar, ¿cuál sería, en este caso, el objetivo de traer un hijo al mundo y dejar que una niñera o tu mamá te lo críen? La tarea de mayor trascendencia en nuestra vida no debe llevarse a cabo de la misma manera que compramos una casa o un auto. No significa sacarse el gusto de ser padres como te sacas el gusto de tener una cartera nueva. Un famoso psicólogo argentino, Pablo Cazaou,

afirma, con cierta ironía, que luego del velador y los tra-
dicionales cubiertos de plata, el bebé es el primer regalo
que reciben los recién casados y del cual no puede des-
prenderse tan fácilmente.

Dentro del marco de circunstancias descripto, cabe
preguntarse -¿Quién se atreve a pensar diferente? Trae-
mos incorporado un software poderoso y difícil de
remover- Hago un mea culpa-. Yo también pasé por
estas cosas aunque bajo circunstancias histórico-socia-
les diferentes. Yo también crié a mi primer hijo a pura
intuición. Luchando con mi juventud y mis ansias de
realizarme. Tenía 21 años y cientos de teorías sobre la
educación infantil pero carecía de experiencia. Pensaba
que un hijo me ayudaría a superar mis inseguridades.
Que me ayudaría a educarlo. Con creces comprendí
que era yo quien debería resolver sus problemas y asis-
tirlo en sus necesidades básicas. Sin reservas. Extenua-
da y sin dormir, pero a su lado. Haciéndome cargo. Por
encima de todo comprendí que debía olvidarme de mí
misma. Que mis deseos de felicidad no estaban involu-
crados. Ni siquiera mi autorealización personal depen-
día de su compañía. De su presencia en este mundo.
Comprendí que con el amor no basta. El amor tiene sus
reglas díscolas. Su propia rebeldía. Tiene su forma de
remitirnos al EGO y desviarnos de las necesidades del
otro. Es fundamental pero insuficiente. En nombre del
amor se cometen a diario innumerables atrocidades.
Fue así que, por entonces, imaginé la creación de una

escuela para padres. Crear **la** *Universidad de la Familia*. Una carrera obligatoria para cursar antes de casarse. Con profesionales en un ámbito de estudio y capacitación especializada y de una duración no menor a 24 meses. Con los años y las obligaciones familiares esa idea quedó postergada pero latente. Hoy que mis hijos son adultos y la situación de la familia se deteriora, es hora de poner manos a la obra y contribuir con los cimientos de un programa académico que ayude adquirir conocimientos acerca de las emociones y conductas del niño en crecimiento. De tus propias emociones futura mamá. Conocerte. Saber, en principio, si estas hecha para la maternidad. Aprender a manejar la ansiedad frente a las demandas de tu hijo y, esencialmente, quién es y qué necesita de ti en cada etapa de su desarrollo. De esto se trata el presente libro. Plantar una semilla. Poner una base e invitarlos a colaborar juntos para llevar a cabo este ambicioso proyecto. Insisto, al igual que nos capacitamos para una profesión debemos capacitarnos para ser padres y remarco con particular énfasis, ser *madres*. Una tarea desvalorizada en nuestras sociedades y, por lo tanto, depositada en manos de extraños. Las mujeres modernas salimos tempranito a trabajar y dejamos a los niños con niñeras que a su vez dejan sus hijos con otras mujeres y así en una cadena infernal. Usamos guarderías y hacemos malabares porque el dinero no alcanza. Los hijos crecen acumulando frustraciones. Vacíos y carencias. Lo que lleva a la violencia de nuestros adolescentes y a la constante sensación de culpa en nosotras.

Necesitamos, por lo tanto, un cambio de creencias culturales. Un cambio de paradigma que provoque el replanteamiento de lo vivido hasta el momento. Que reconstruya el sentido de la palabra *madre*. Empezar de nuevo. Como se dice en inglés, "back to basics" (volver a lo básico). Compartimos una época de grandes transformaciones civilizatorias. Este es el momento. No sea cosa que el ritmo acelerado del progreso moderno nos deje a la intemperie en materia de familia.

La situación que planteo es, de alguna manera, comparable con la revolución copernicana ocurrida en pleno Renacimiento donde se pasó de la teoría geocéntrica a la heliocéntrica propuesta por Copérnico. La tierra dejó de ser, por entonces, el centro del sistema planetario. El sol ocupa ahora dicho lugar. El tema fue tan revolucionario que, aún hoy, cuando hablamos de cambios drásticos. De cambios en 360 grados, hablamos de un cambio copernicano. El significado de la palabra planeta fue replanteado en consecuencia. De astro errante, como indica su etimología, a un astro que gira alrededor del sol. En nuestra época la revolución propuesta debe ser una revolución de valores e ideales, moral, afectiva y femenina. Un cambio copernicano que replantee la posición de nuestros hijos en el cosmos social. De astros errantes y perdidos en el espacio cibernético a estrellas que giran ordenadamente en torno al eje de la familia. En la esperanza de sanar a un mundo en el cual no existe una herencia cultural benéfica que transmitir ni herederos que deseen recibirla. No hay permanencia ni huellas. Cada cual vive su propia vida como le da la gana sin importar a quién perjudica en el camino. Recuerden "los analfabetos del futuro no serán aquellos que no sepan leer o escribir sino aquellos que no sepan contribuir y cooperar". Por la competencia logramos el éxito personal. A través de la *cooperación* una vida compartida. Enseñar la ayuda al prójimo, la colaboración, los buenos tratos sociales. Por favor, me permitís, disculpa, gracias. Y quién mejor que nosotras para ofrecer esta vieja lección de amor y sabiduría. De paciencia y compasión. De enseñanza a nuestras niñas y niños. A nuestro maridos y compañeros. Una mujer-madre. Aquella que enseña el ABC de la vida en familia. Capacitarnos en nuestro rol materno es un imperativo cultural. Casi diría, un interés común a la supervivencia de la especie.

Antes de comenzar se impone una breve reseña del momento histórico que nos ha tocado en suerte compartir. La era de la globalización. Un momento de transición denominada por algunos sociólogos *posmodernidad* que comenzara en 1989 con el fin de la guerra fría y cuya máxima expresión fue la caída del Muro de Berlín.

A diferencia del pasado, el mundo se unifica, por entonces, y vuelca hacia una estrecha interdependencia entre los países del Globo. La creciente unidad planetaria se manifiesta en la interconectividad económica, tecnológica, política y cultural. Gracias a la revolución informática lo que sucede en un remoto pueblito de China se conoce de manera instantánea en cada punto del Planeta.

Resulta paradójico e incomprensible que dicha red de integración global con sus multinacionales y sus sociedades de consumo no haya logrado aún globalizar ciertos valores y principios. Las grandes filosofías de la vida. Aquellas que fomentan las relaciones humanas más allá de las relaciones comerciales; ayudar al prójimo, criar a los hijos, cuidar el medio ambiente. Si algo se ha globalizado, en este sentido, es la violencia urbana y la incomunicación. Estamos solos en medio de un mundo eficientemente comunicado que, no obstante, nos aísla sin remedio. Al decir del filósofo argentino Santiago Kovadoff "Vivimos en un mundo de profundo silencio, lleno de sonidos verbales". Un gran ruido que nada dice. Que nos aturde y sumerge en la indiferencia y la anomia. Decidimos cortar los lazos humanos y enchufar nuestros oídos con aparatos y celulares. Para no compartir ni escuchar. Para estar solos. Para no ser "Yo y mis circunstancias" como afirma Ortega y Gasser, sino yo sólo. Insular y apartado. Esclavo de mi celular y de mi Facebook. Trauma social e individual que el escritor Alvin Toffler anticipó en su libro "El shock del futuro".

El Muro de Berlín cayó. Unos pocos le siguieron. Otros, son a diario denunciados. Sin embargo, la única muralla que permanece inexpugnable y aceptada es aquella que construimos entre los seres humanos.

Desilusionados de la religión y la política buscamos asilo en las posesiones materiales, en el consumismo. En el sexo desconectado del amor. Sin fe, sin Dios y en ausencia de líderes ejemplares renunciamos a la espiritualidad, a la moral y a ser padres. La autoridad en el hogar ha pasado de moda. Los hijos dictan sus propias leyes y nosotros las seguimos. Confundimos la libertad de expresión con libertad para hacer lo que viene en gana. Los divorciados nos sentimos culpables y pensamos que la forma de emparchar las cosas es dejar hacer. No sea cosa que el nene se ofenda y solicite al Juez cambiar de padres.

Este es el mundo en el cual la familia se desarrolla o mejor dicho involuciona a estadios culturales superados o tal vez nunca transitados. Es aquí donde comienza mi propuesta. En este punto inexcusable donde se cruza lo que somos con aquello que debemos ser. Acompáñame.

CAPÍTULO I

LA TRASCENDENCIA DE LA MADRE Y EL VALOR DEL PADRE

Por qué decides casarte

Una vida de salud emocional para tu futuro hijo comienza con un proyecto familiar consciente. Claro que puedes casarte por razones ajenas a la idea de familia. Por ejemplo, compartir proyectos y salidas. Tener un compañero. No estar sola. En este caso, solo tú serás favorecida o perjudicada. La cosa cambia si de un hijo se trata. En este caso, tu pareja debe ser elegida también por sus cualidades humanas, cooperativas, éticas. Debes garantizarle al niño un padre con valores. Que contribuya a crear un clima afectivo ideal para su desarrollo. Sé coherente. No busques al futuro padre de tus hijos en un *playboy* amante de la noche y las mujeres. Por otro lado, si deseas ser madre debes planear previamente una situación económica confortable. Ser capaz de estar a su lado los primeros años de su infancia y no salir corriendo al trabajo al poco tiempo de nacido. De esto se desprende que, si no tienes recursos suficientes, tú y tu pareja deberán crearlos antes de casarte. "Donde comen dos, comen tres" no es lo ideal a la hora de traer un hijo al mundo. Verás por qué.

¿Existe el instinto materno?

El instinto materno no existe como tal. Sólo se desarrolla en el contexto de un hogar estimulador y amoroso donde la madre prioriza a sus hijos. No viene con nosotros. Lo aprendemos o no en el seno de nuestra familia. Particularmente en la relación generada entre madre-abuela-hija. Esto explica porque tantas mujeres abandonan a sus crías o en casos graves, las matan. No han tenido una madre que las ame y respete. Un modelo materno en el cual inspirarse. Por el contrario, tuvieron una madre despiadada o desatenta. Hasta el siglo XVII, las madres podían matar a su descendencia sin culpa ni castigo. Es bien conocido el cuento griego, "Medea y Jasón" en el que Medea asesina a sus hijos para vengarse de Jasón. La falta de dicho instinto arroja una mayor comprensión acerca de las madres adoptivas, entrañablemente maternales con sus hijos. Madres que, sin duda, aprendieron en el hogar esta vital inclinación a cuidar la descendencia.

Como ves el instinto materno es una construcción necesaria de la cultura que tiende a garantizar la estabilidad y salud emocional de las personas. Lo que en verdad existe en los seres humanos es un fuerte impulso biológico hacia la *reproducción*. A la continuación de la especie. Tal ímpetu, presente con relevancia en las mujeres, destina a la mayoría a buscar un hijo sin medir las consecuencias. Solemos decir que el hijo llega siempre con un pan debajo del brazo. Depositando de manera errónea, el destino del vástago en la fortuna de su nacimiento.

Si concluimos que el instinto materno es aprendido y no biológico, una vez entre nosotros, la educación y futuro del niño dependerá del aprendizaje que tú amiga-mamá hayas recibido de tu propia madre. Descontando la presencia de alguna patología psiquiátrica, la conducta maternal en las sociedades de hoy y en la mayoría de los casos se resuelve, de manera general, en dos clases de vínculo con el hijo; el niño desatendido obligado a crecer rápido y el hijo mimado que no crece nunca.

Al igual que cualquier otra experiencia en la vida, la maternidad debe ser también una cuestión de equilibrio. Dejar a los hijos pequeños atendidos diariamente por extraños no es aconsejable pero tampoco lo es permanecer adherida impidiéndole crecer. Irse a los extremos es un mal típico de las sociedades humanas. Hijos que crecen muy rápido y que constituyen mayoría y aquellos otros mimados que posponen sus sueños y metas en aras de satisfacer las carencias de la madre y prolongar de adultos la indulgencia y comodidad de la infancia. Vayamos a la primera categoría.

El hijo desatendido que debe crecer rápido

Con el auge del divorcio, el hogar monoparental y la liberación económica femenina ha surgido, en nuestro tiempo, una nueva pedagogía de la maternidad. De esta forma los chicos adquieren un buen nivel material de vida pero pierden calidad de vínculo filial. En especial con las hijas a quienes les enseñamos a ser buenas proveedoras pero no buenas madres. Les enseñamos a crecer rápido porque mamá no está. Si no hacemos algo ahora, estas niñas al crecer transmitirán el mismo modo de vida a sus propias hijas quienes, a su vez, aprenderán a competir y ganar mucho dinero. A valorar el bienestar material por encima de la familia y el amor por los hijos. Aprenderán también a rechazar y disimular sus ciclos femeninos ya que interfieren con las exigentes reglas del trabajo. En el otro extremo de la escala social encontramos las mamás sin demasiado ingreso y que no tienen otra salida que dejar a los pequeños al cuidado de personas extrañas o de algún pariente.

Tiempo atrás, durante mi colaboración en un show televisivo escuché narrar la triste historia de un niño de 9 años que llegaba solo de la escuela cada mediodía con su pequeño hermano de la mano. Invariablemente y antes de ingresar al apartamento se dirigía al *fast food* de la esquina donde compraba dos hamburguesas con papas fritas. Cuántos niños llegan de la escuela a una casa vacía. Cuántos más reciben la merienda de manos de una niñera indiferente, preocupada por sus cosas. Una mujer que lo educa con sus propias creencias y prioridades. Con su modelo de vida y de costumbres casi siempre diferentes a los de la madre. Sin incluir en estos comentarios los casos de abuso infantil detectados por algunos padres afortunados que han podido instalar cámaras desde las cuales controlar a sus niñeras.

Para varones y mujeres la ausencia de los padres y fundamentalmente de la madre durante los años de formación se ha transformado en un problema de Salud Pública que afecta la sociedad en su conjunto. Un pan caliente que pasamos de mano en mano pero que no ingresa en el discurso político, económico o social. Y si lo hace es sólo para depositar la culpa en los niños y adolescentes. —Yo trabajo, me esfuerzo y tú te comportas mal, no estudias, te metes en problemas—. Reflexionemos. La culpa no es de ellos. Tampoco es tuya colega mamá. Las cosas están dadas así por las urgencias del progreso material. Un río torrentoso que nos obliga y seduce. No obstante, tú puedes decidir frenar ese caudal y producir algunos cambios beneficiosos para tus hijos.

La solución es tan simple y evidente que parece irrisorio. Fíjate. De esto se trata. *prevención* o *paliativo*. La prevención consiste en no concebir un hijo si no puedes cumplir tu tarea maternal primaria por motivos económicos o de vocación irrenunciable. El paliativo se refiere a las cosas que puedes, en efecto, hacer para compensar tu ausencia del hogar. Aquí te adelanto algunos consejos prácticos, que luego explicaré en detalle.

Debes sacrificar momentos de tu libertad personal para estar con ellos. En especial los más pequeños. Si no puedes almorzar o cenar con ellos siéntate a su lado alrededor de la mesa familiar en el momento que llegas a la casa. Comparte con él o ella un té, un helado, unas galletas o un jugo de frutas. Cuéntale cosas agradables de tu día. No importa si es pequeño y crees que no entiende. Ellos captan tu energía. Tu intención de comunicarte y lo agradecen. No concurras al trabajo si está enfermo. Habla con sus maestros. Declárate madre presente y activa en las actividades escolares. No temas levantarte de una reunión empresarial para concurrir a una fiesta escolar o recogerlo de la escuela. Debemos acostumbrar al sistema laboral a respetar las funciones maternas en lugar de socavarlas. Sé que te sientes agobiada por las exigencias de tu actividad productiva. Por la responsabilidad económica o quizás por el vértigo de una carrera exitosa a la que no quieres renunciar porque te hace feliz. Está bien, pero debes sobreponerte. Tú trajiste al pequeño a este mundo. No lo olvides. Permítelo vivir al ritmo de sus años. Sin apuros que luego se pagan caros. Para el próximo piénsalo mejor. Espera. Por más dinero que ganes y niñeras de lujo que puedas solventar no lo tengas si crees que no puedes permanecer a su lado los primeros 6 años de su vida. Las sociedades están compuestas por adultos que primero fueron hijos. Tengamos cuidado.

El hijo mimado que no crece nunca

En esta segunda categoría se encuentran aquellas madres insatisfechas con su vida personal. Sin éxitos y casi siempre sin un verdadero amor se aferran a los hijos como única fuente de gratificación. Los sobreprotegen más allá de lo normal. El hijo como tabla de salvación. ¿Qué enseñamos en este caso? Enseñamos la dependencia emocional. La adicción afectiva porque nosotras querida amiga, nos sentimos insatisfechas. Hambrientas de reconocimiento, visibilidad social y comprensión. De alguien que nos ame y nos impulse a crecer. ¡Quién puede culparte si te encuentras en esta situación! No obstante, en las líneas siguientes leerás información útil que puede servirte para modificar, en cierta medida, la situación por el bien de tu familia.

Entre muchos ejemplos que pudiéramos citar, se encuentran los concursos infantiles de toda clase, muy en boga en la televisión de Estados Unidos. Una suerte de *reality shows* que muestran las maniobras que estas mamás realizan con el fin, inconsciente, de obtener éxito a través de los hijos. He aquí lo primero que debes saber. Un niño pequeño no tiene madurez para elegir una carrera. Elige lo que tú quieres amiga-mamá. Necesita de tu amor por lo cual hará cualquier cosa por complacerte. Le dirá a todo el mundo que le encanta modelar o bailar. Desarrollar cualquier actividad indicada por ti. ¡*déjalo ser un niño*! Si no has tenido la oportunidad de realizar tus sueños juveniles no los transfieras a tu hijo. Es una forma de abuso. Retoma aquella vocación olvidada y arriésgate a cumplir tus deseos cuando ellos estén mayores. Si desconoces tu vocación piensa en tu pasado, en tus actividades adolescentes. Tal vez descubras una meta dormida. Una inclinación olvidada. Recuerda, los hijos no deben ser una fotocopia de los padres, más bien el original de sí mismos.

Entonces, si tú mamá, te encuentras diciendo que tu hijo es todo para ti, detente. Busca ayuda. Tus hijos no pueden ser todo para ti. Es depositar en sus espaldas una responsabilidad para la cual no están preparados. Crecer en la responsabilidad de hacer feliz a mamá obstaculiza la responsabilidad sobre su propio destino y vocación que de esta manera quedarán en suspenso. En un limbo que puede durar toda su vida. Son los hijos que nunca se casan. Aquellos que jamás se cuestionan sus íntimos deseos. A nivel del inconsciente o conscientemente, saben que mientras cumplan al pie de la letra el rol asignado por la madre su futuro estará asegurado. Esto presenta, sin duda, un ángulo muy arriesgado. Además de lo dicho, podemos transformarlos en individuos narcisistas. En adolescentes con problemas de conducta.

Alfred Adler, discípulo de Freud, decía que los adolescentes consentidos son el grupo más peligroso de nuestra comunidad porque no conocen la cooperación ya que el interés se concentra en ellos mismos. Su existencia sirve sólo para garantizar la felicidad de la madre o por extensión, la propia comodidad personal. Sin esfuerzo ni preocupación por el futuro. Un permanecer y transcurrir sin compromisos serios con su destino. Ese esplín del cual habla Baudelaire en su libro "Las Flores del mal" Hastío y tedio. Matar el tiempo sin hacer demasiado. Sin esfuerzo ni preocupación, típicos de la inmadurez juvenil pero que puede invadir la vida adulta. Se dice que no cortaron el cordón umbilical y es cierto, en este caso se trata de un cordón emocional pero no menos poderoso.

Mamá, la balanza familiar

Las mujeres somos balanzas vivientes. No cabe duda. Sostenemos en cada mano diferentes compromisos. Nuestra realización personal por un lado y por otro los hijos. Creemos que podemos con todo pero no es así. Se hace menester priorizar. En ciertos momentos de la vida otorgarás espacio a tu vocación y en los comienzos de la familia cederás el espacio a los hijos. Nos resulta difícil comprenderlo porque, como expresamos, la vida moderna inclina el esfuerzo hacia el trabajo constante con las consecuencias ya mencionadas para los hijos. ¿Por dónde empezar entonces? El primer paso es salir de los estereotipos. De los modelos archiconocidos que muestra la televisión, el cine y revistas. En particular, de la mujer con pantalones. Saber quién eres tú. Hacia dónde vas y cuál es tu propósito en la vida te ayudará a tomar decisiones saludables. A ser sincera contigo misma.

Si te decides a ser madre, recuerda el consejo bíblico. Existe un tiempo para sembrar y otro para recoger. La estación en la que siembras, cuidas tu semilla, la riegas, le pones una guía y otra estación para alejarte confiada porque sabes que ningún viento podrá doblegarla. Este es el latido del Universo. La Holística de la creación.

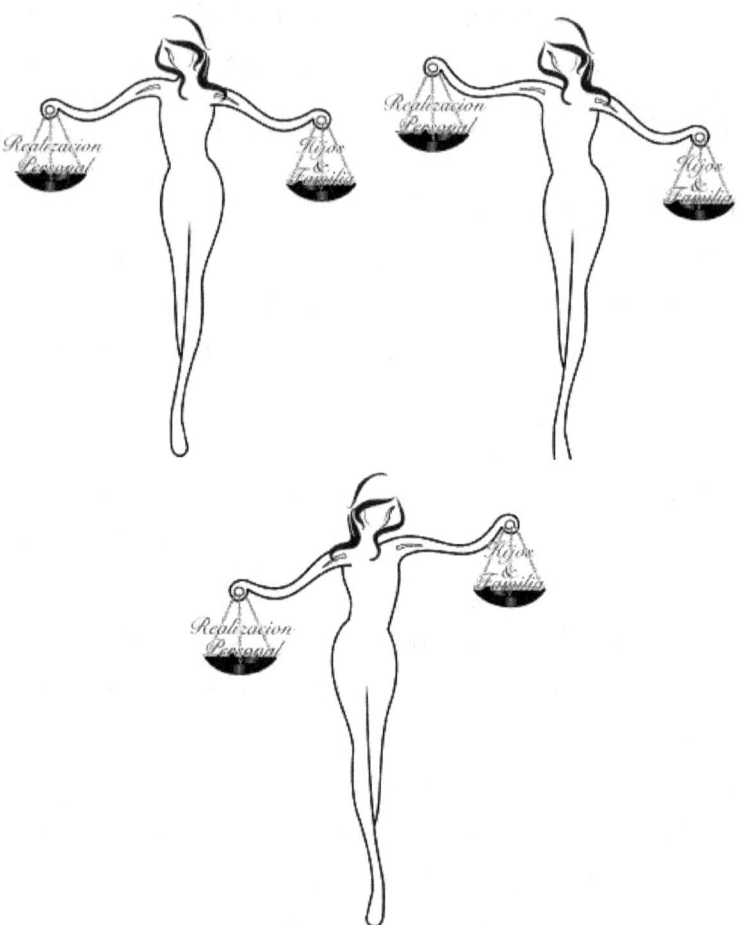

La madre, el primer amor para todos

Te preguntarás acerca de mi insistencia en la figura y el rol de la madre durante los primeros años en la vida humana. Su importancia es capital y muy desconocida. Encontrarás en este libro los motivos psicológicos detallados. Te diré, por ahora, que la madre es el primer amor para varones y mujeres. El primer ser sobre el cual el pequeño dirige su energía, su atención. Se apoya. Al principio, indaga el cuerpo materno. Explora el espacio entre los brazos que lo sostienen y el mundo a su alrededor. Con el tiempo soltará esos brazos y se atreverá a caminar solo. Mamá es el modelo y la tierra fértil para la formación de todas las relaciones futuras de su vida. Algo de nuestra madre encontraremos de manera inconsciente en la pareja que elegimos. Algo que resuena. Un eco lejano. Una mirada. Un aroma. La independencia adulta se alcanza luego de haber dependido lo suficiente de la madre durante el desarrollo temprano infantil. La madre sana transforma al hijo en un ser independiente de ella, único y original. Es aquella que mediante estimulaciones físicas y afectivas moldea y permite el desarrollo de su personalidad. Si una persona no contó con la madre en su función transformadora sobrevendrá la enfermedad. Depresión. Dificultad para relacionarse. Imposibilidad para sentir placer. El hijo continuará buscándola en el ambiente de su vida adulta. Entre sus amigos y parejas. En la madre anciana, que estará en menos condiciones aún de proveer dicha estimulación. Será un esclavo. El hijo normal adulto. El hijo que ha tenido suficiente madre y facilitado el despegue se puede ir confiado del hogar. Hacer familia, vivir en otro país, sentirse feliz, sólo si la madre ha sabido meterse, con paciencia, estimulación y presencia constante dentro de su mente y de su corazón. Si ha podido establecer la "distancia óptima" para que el hijo se desprenda cuando el tiempo llegue. Destino último. Parto final de todo ser humano.

Las madres somos esponjas

El segundo factor preponderante en el desarrollo psicológico del infante es el siguiente; la madre como agente de relajación y sosiego. Nacemos salvajes, con instintos desprolijos. Desmadejados y proclives al desasosiego. Sin autoreguladores de la agresividad que, increíblemente, los animales poseen. La madre es, entonces, la encargada de absorber los impulsos agresivos del pequeño. De colocarlos amorosamente en su lugar. Cuando, grita, llora, se retuerce. Tú lo consuelas. Le dices que todo está bien. Le cantas. Una palmadita suave en la espalda. Y así se apacigua. Si te muerde o te pega con su manito, le dices "no se hace". Las madres absorbemos como esponjas los impulsos arrolladores de nuestro bebé. La agresión como respuesta a un mundo que desconoce, a un cuerpito que no controla. Pero si tú, colega-madre, te irritas, gritas o lloras. Si eres violenta y tu ansiedad se desborda, los impulsos naturales de tu hijo se multiplicarán. Cuando llegue a la adolescencia la agresión y el conflicto serán su carta de presentación. Observamos la violencia de nuestros adolescentes. Qué sucede. La mujer de hoy no se encuentra en el hogar. Identificada con la vida competitiva del varón. Con su fuerza. Lo sigue. Lo imita. A él le ha ido muy bien en su función expansionista, inventora y creadora de espacios civilizatorios. Tecnologías que en muchas áreas contribuyen benéficamente con la salud y el trabajo. Esto es colosal. ¡Gracias a Dios que el hombre existe! Pero…, mujeres, nosotras somos diferentes. Somos inventoras de vida. De saberes del alma. Impulsoras del amor sano y la *esperanza*. Enseñamos al mundo de que manera el "*yo*" se encuadra en el "*nosotros*". Enseñamos la paciencia, el arte de amar. Antes o después de la crianza, podemos ser exitosas. Ganar dinero. Imitar. Músculos y curvas. Algo confuso, pero actual. Está de moda. Sienta bien. Hay que aceptarlo. Pero si pretendemos la aventura del mundo a nuestros pies no tengamos hijos. Esperemos. Todo en la vida llega si logras ignorar la regla cultural del "*multi-tasking*". ¿Qué significa? Hacer muchas cosas de manera casi perfecta y al mismo tiempo. Imposible, claro está. Y sin embargo lo intentamos. El funcionamiento de nuestro cerebro dice "*no*" pero la cultura insiste. Nos obliga hasta que llegamos al hogar extenuadas, destilando cortisol y adrenalina y los hijos que aún no han hecho la tarea. Y la comida…, así se cuenta la historia. Tranquilízate y sigue leyendo. La caridad bien entendida empieza por casa, decía mi abuela. Y la primera casa. El primer solar para la conformación de una familia es la pareja. De qué se trata.

Qué es la pareja

Vivir juntos implica aceptar la presencia invisible de un otro que se instala en el hogar sin pedir permiso. Ese otro se denomina PAREJA. La pareja se forma por la interacción de las virtudes y defectos de ambos integrantes. Frente a un problema la pareja responderá de manera muy diferente a como lo harían individualmente cada uno de sus miembros. Lo que me recuerda la definición de la palabra *holístico*. Las partes, varón y mujer, trabajan integradas para mantener el todo familiar en equilibrio. Significa cierto renunciamiento personal, altruismo, compromiso y por encima de todo negociación. En particular cuando tenemos hijos. La re-negociación de circunstancias y deseos personales debe estar presente a lo largo de la vida ya que nuestros ciclos vitales con sus cambios y transformaciones nos llevan a la necesidad de acordar con la pareja nuevas metas y estilos de vida. Muertes. Climaterio. Hijos que se van. Mudanzas, requieren que nos adaptemos, que podamos ser flexibles amando el progreso sin descuidar las tradiciones básicas. Lazos que nos ayudan a permanecer unidos en sociedad. Hoy, hemos reemplazado la negociación de metas, la paciencia y la conciliación por el divorcio rápido y la pelea. Erich Fromm en su libro *El arte de amar* dice que la paciencia es el arte que necesitamos desarrollar para amar. Si luego de algunos años sientes la necesidad de un cambio de vida o de costumbres, en definitiva de sueños. Si surge un problema, será hora de una saludable re-negociación. Sentarse juntos, tomar un café y ser sinceros uno con el otro. El diálogo es el gran amigo de las relaciones humanas y el aliado incondicional de la familia. Mira, le dices, esto es lo que deseo. Necesito tu apoyo. Recuerda, la mayoría de los conflictos humanos aparecen por falta de comunicación. *comunicarse* significa *compartir* y *comulgar* en el cáliz de la vida juntos.

El valor del padre

Antes de continuar remarcando la función por excelencia de la madre pasaremos a reivindicar la *función paterna*. Una función olvidada en esta sociedad donde las diferencias sexuales han caído en desuso.

Verás, la pareja es complemento. Cada uno tiene una tarea que cumplir. Luna y Sol. Noche y día. El padre pone la ley. Establece ciertas reglas. Encuadra. Es la pista para que el niño despegue de la familia hacia la sociedad. Tú ofreces el amor, la paciencia, los motores de la vida. Eres el hangar. La computadora para sobrevolar el mundo. Tú, amigo-padre facilitas el vínculo sagrado y primario de tu esposa con el hijo durante los primeros seis años de su vida. Gracias a ti comprenderá lo que está prohibido en la sociedad humana. Se denomina *función paterna* Una función, hoy por hoy, olvidada. Es verdad que el machismo persistente ha contribuido a esta situación. El abuso contra la mujer es moneda corriente. Quizá esto nos lleva a rechazar cualquier tipo de autoridad derivada del varón. Sin embargo, si tienes un hijo debes hacer un paréntesis. Aceptar la autoridad del padre-esposo en el hogar. No contigo. Por supuesto. Pero si con tus hijos. La sociedad necesita reglas. Carriles para funcionar. Necesita roles y tareas complementarias. En todo caso, necesita diferencias. Fíjate. La estructura de la familia se concibe como un triángulo. Quiere decir, madre, padre, hijo, donde cada cual cumple un rol, ocupa un lugar en la jerarquía familiar. En este sentido, mamá pone la ternura y papá, la ley. Que el padre establezca la ley significa que, luego de hacerse a un lado con el fin que su esposa se dedique al pequeño los primeros seis años emprenderá una serie de maniobras que ayuden a desprenderla poco a poco de la relación cerrada con el hijo o hija. Si el niño es varón pondrá mayor esfuerzo y se lo llevará a jugar a la pelota, ver un partido de béisbol, pescar, andar en bicicleta, impedir que duerma con mamá. Le está diciendo de alguna manera; mamá es mi mujer y tú encontrarás pareja fuera del hogar cuando crezcas. La prohibición del incesto se encuentra en la base de las sociedades humanas. Con algunas excepciones históricas como el antiguo Egipto, constituye una regla universal mediante la cual la naturaleza se supera a si misma. Creando de esta manera una estructura más compleja que la simple de la vida animal. En Occidente, es el padre quien debe establecer dicha jerarquía. Por más que el hijo varón desee quedarse bajo el regazo de mamá y a mamá le dé lástima apartarlo, deberá casarse con una mujer ajena al hogar para facilitar la dinámica social. Y esta es la ley fundamental que establece el padre. Claro que en la selva o en comunidades primitivas puede no existir. No obstante y por alguna razón en casi todas las culturas existe el tabú del incesto.

La niña que necesita identificarse con la figura femenina, vale decir copiarla, puede permanecer más cerca y por más tiempo con nosotras, ir a la peluquería, o a las tiendas, más allá de los cinco o seis años. No obstante necesitará un corte a su debido tiempo. Y por supuesto la correspondiente distancia del padre. Un papá sano debe establecer esa ley para con él mismo frente a su niña. Una pequeña de 5 años le dice a su padre; "cuando yo sea grande me casaré contigo porque mami estará muy vieja". Como ven, la familia humana guarda resabios de aquel hombre primitivo que alguna vez fuimos y que, sin duda, habita nuestro inconsciente colectivo. En algunos países de Latinoamérica es bastante común que los padres utilicen el apelativo "novia" al referirse a sus hijas.

Tanto en varones como mujeres se hace imperioso la intervención del padre. El primer amor para varones y mujeres es la madre, por lo tanto, las características del vínculo materno primario lleva a las madres que han desarrollado el instinto materno a considerar su descendencia como una prolongación de sus propios cuerpos. En algunos casos más allá del tiempo prudente y necesario. En este sentido, la función paterna, corta, divide ese "todo". Esa fusión que se forma entre una madre y un hijo-hija. Sin la ley del padre no accedemos correctamente a la vida en sociedad, al lenguaje, que es orden. Yo soy Luisito, hijo, hermano, sobrino, etc. Tengo un lugar con nombre y apellido en la escena familiar. Así como sujeto, verbo y predicado ocupan un lugar en la oración para que el lenguaje haga sentido. Papá nos desprende de esa unión cerrada y necesaria con mamá que amenaza quedarse para siempre. En definitiva, el amor materno construye y eleva. La ley paterna, permite enunciarnos en sociedad como sujetos con deseos propios, en lugar de ser un simple objeto de los deseos de la madre.

¿Qué ocurre con las mamás negligentes? Aquellas que se desligan pronto de los niños. Necesitan del padre en la misma medida para propiciar ese vínculo materno fundacional. Para inspirar que la madre permanezca con el hijo o hija durante los primeros seis años. Deberá buscar otro trabajo con el fin de evitar que su esposa se ausente del hogar por largos períodos. Hablar. Comunicarse. Claro que el diálogo debe establecerse antes del matrimonio. Antes de los hijos. Saber quién es uno y quién el otro.

La madre retiene. Es puerto. Costa. Pero el hijo-hija pertenece a los mares. Debe zarpar. Cortar amarras. Si a los 30 años continúa pegado a la madre-nodriza de los primeros años, nunca podrá diseñar su mapa de ruta, su proyecto individual. Saber quien es uno depende de la distancia óptima lograda de nuestro primer gran amor, *mamá*. De la misma forma, solo podrá alcanzar la independencia si ha tenido suficiente mamá. Así es la naturaleza de la vida en sociedad y en el propio ambiente ecológico. Los cachorros se van cuando el tiempo llega. Ni antes ni después. En este sentido, los humanos hemos alterado hasta lo increíble la biología. Pretendemos que se independicen a los siete u ocho años o de lo contrario los conservamos en la casa hasta los cuarenta. Imagina que tu niño es un navío. Del astillero al embarcadero. Un día lo verás partir. Navegar hacia puertos lejanos. Hacia su destino. Su costa. Tu mirada lo acompañará. No lo detengas.

Te preguntarás, amiga lectora, de qué manera facilitar esta función paterna, si eres viuda, madre soltera, divorciada o tu esposo tiene una profesión que lo aleja por períodos prolongados del hogar. Pues bien, frente a las dos primeras opciones puedes apelar a tu padre como referente. Un sacerdote, un hermano. Un amigo. Tal vez una pareja capaz de llenar el vacío. Dependiendo, claro esta, de la calidad de la persona y el vínculo que establezca con tu vástago. De igual forma, si el trabajo mantiene al padre lejos, puedes establecer la función paterna desde tu discurso. Tus palabras. Si tienes que reprenderlo, le recuerdas "qué diría papá si te viera" o "papá no aprobaría esa conducta". Créeme que estas frases resultan muy efectivas ya que le otorgas al padre presencia simbólica a través de tu discurso.

Claro que me refiero a las madres cuya soledad le fue impuesta por las circunstancias de una vida difícil. Si tú, mujer-amiga, que tienes dinero, eres exitosa y soltera y quieres engendrar un hijo sin padre. Si piensas en adoptar. Medita lo que acabas de leer. Un ser humano es mucho más que el producto de la unión de dos células sexuales. Más que el intercambio de fluidos orgánicos. Constituye un proyecto vital resultado de la unión de un hombre y una mujer en pleno ejercicio de una parentalidad responsable.

Se dice que los hijos son de la vida. Yo creo que la vida los recibe en su seno, luego de largos años de educación parental. Todo lo que lleguen a lograr, por lo tanto, será producto de la educación recibida en el hogar. No lo condenes a sentirse diferente. A cubrir una ausencia. Un hueco innecesario de papá que estará allí para siempre.

El padre maternizado

La paternidad ha sufrido serios replanteamientos en las últimas décadas. En especial, debido a la independencia económica y mayor formación de la mujer. En muchos aspectos ha mejorado la calidad del vínculo afectivo entre papás y niños. Mayor diálogo e intimidad. Sin embargo en lo esencial de la cuestión y me refiero a la función de corte del cordón umbilical psicológico entre la madre y el bebé sus consecuencias están por verse todavía. El padre maternizado sustrae a la relación de su función capital; salir de la órbita materna y acercarse al mundo social de forma madura y equilibrada. El hijo sin ley buscará la pertenencia a un orden social y a un límite en sectas fanáticas, pandillas, barras bravas o como tristemente comprobamos, en grupos de terrorismo fundamentalista. Alguien que le imponga una ley. Así venimos programados. La madre no puede ofrecer ambas cosas. El padre tampoco. Siempre y ante la duda consultemos a la divina creación. La naturaleza dotó a la mujer con pechos para alimentar y un vientre para crear vida. Al hombre le dio brazos fuertes y hormonas que le permiten conquistar, cazar, buscar el sustento. No me opongo a la independencia femenina. Yo soy una mujer independiente. Me opongo a la independencia femenina a costa de los hijos. Todo a su tiempo. Tengamos cuidado. El padre que cría al hijo puede resultar maravilloso remedio para la madre cabeza de familia pero a la larga debemos preguntarnos si es lo correcto para el pequeño. Preguntarnos si tener un padre y una madre con funciones diversas y acordes al sexo de cada quien, no es acaso una necesidad psico-biológico más que un invento de la cultura.

Abandonados en medio de una isla desierta los integrantes de la pareja humana asumirán de inmediato sus roles naturales. Él construirá un albergue seguro, saldrá a cazar alimentos, ella mantendrá el refugio ordenado y se adornará la cabeza con flores. El círculo maravilloso de la vida es una rueda de contrastes. La naturaleza de la esencia humana que las civilizaciones en su desarrollo necesitan desmentir y transformar.

CAPÍTULO II

QUÉ DEBES SABER ANTES DE SER MAMÁ

El ADN emocional

Todo lo vivido. Alegrías o tristezas. Traumas, frustraciones o satisfacciones constituyen una suerte de *ADN emocional* que le traspasaras al hijo con cada latido de tu corazón durante el embarazo y la crianza. Amiga, si te sientes crónicamente sola, deprimida e infeliz. Si no encuentras alegría o motivación en tu vida no creas que un hijo solucionará el problema. Todo lo contrario. Lo agravará. Busca ayuda psicológica en tal caso. Hablar con un profesional capacitado calmará tu angustia. Podrás metabolizar lo ocurrido y superarlo. Un trauma no procesado es como un alimento mal digerido. Duele, molesta. Debemos encontrar el digestivo adecuado. Con el tiempo y si logras superar el conflicto te encontrarás en mejores condiciones emocionales para enfrentar la maternidad. Medítalo. Si no has podido solucionar los conflictos de tu pasado no podrás cubrir las necesidades básicas de tu hijo.

De acuerdo con el Psicólogo Abraham Maslow existen en todo ser humano dos clases de necesidades; básicas y de desarrollo. Las primeras son necesidades de amor, respeto, autoestima, seguridad, entrega, decisivas para el alma como el agua, los aminoácidos, las proteínas o el calcio lo son para el organismo. Se denominan deficitarias porque sólo pueden ser satisfechas desde afuera, por la figura significativa durante la primera infancia. No pueden autoproveerse. Sin ellas no sentiremos motivación hacia el desarrollo de la segunda clase de necesidades. Vale decir, el desarrollo de nuestras potencialidades e inclinaciones. De nuestra misión en la vida, destino o vocación. Ante esa falta erigiremos personas y circunstancias que nos llenen el vacío. Que nos atiendan en eso que ha quedado insatisfecho.

La vida de un adulto se desenvuelve de manera diferente cuando está motivada por necesidades básicas satisfechas que cuando es motivada por la búsqueda constante de aquella satisfacción infantil frustrada. Las malas relaciones, las drogas, las compras compulsivas, las parejas que nos abusan siempre dan cuenta de la falta que llenamos a expensas de nuestra salud y bienestar emocional.

Cuándo ser madre

En qué momento de tu vida debes considerar la idea de ser mamá. Hablamos de esto brevemente. Pues ahora profundizaremos. La guía en tres pasos que verás a continuación, te ofrecerá algunas respuestas.

1) El primer paso es saber si estas hecha para la maternidad. Si has logrado desarrollar el instinto materno

o simplemente te mueve el mero instinto de reproducción. No es obligación tener un hijo. Razones engañosas pueden llevarte a pensar lo contrario. Para empezar la cultura, impiadosa con el reloj biológico femenino que a los 40' nos considera viejas. Puede ocurrir, por otro lado, que tu madre haya sido una progenitora asfixiante y que ahora necesites, por razones emocionales, probar que tú puedes ser mejor madre que ella. O quizá sufriste abandono y necesitas compensar aquella ausencia de familia creando la tuya propia. Recuerdo a una joven mujer que trabajaba día y noche para sobrevivir junto a su compañero. En cierta oportunidad se mostró preocupada por una irregularidad de su ciclo menstrual. Ante la pregunta, ¿No estarás embarazada? Me respondió, ¡Ojala! con una sonrisa de felicidad. ¿ Cuál hubiera sido la vida de aquel niño sin padres en el hogar, sin dinero ni familia a quien recurrir? Mira, concientiza tu historia. Tu pasado y tu presente. Reflexiona acerca de las razones que te llevan a desear ese embarazo. Con un amigo, un sacerdote o un Psicólogo. Alguien que, de la mano, te permita concretar lo que deseas y no lo que la vida te obligó a elegir.

2) El segundo paso implica estar unida legalmente al hombre que amas, deseoso de ser padre. *casada o soltera no da igual.* El estado civil de la pareja es muy importante a la hora de tener un hijo. Es cierto que el amor es lo primero y un par de papeles no garantizan la felicidad pero sí garantizaran la felicidad y autoestima

básica de tu hijo a la hora de ir a la escuela, compararse con sus amigos y no sentirse discriminado. Tener una pareja sin lazos civiles es aceptable si tu idea se limita a vivir un romance. Pero si de familia se trata, necesitas legalizar el vínculo para bien del niño ante los hombres y ante tu Dios si así lo consideras. Comprende que al transformarte en madre ya no están en juego tus proyectos personales. Tus necesidades deben encontrar un equilibrio que incluya y priorice al pequeño.

Me dirás que eso es una antigüedad. Bueno, mira, una de las causas de la descomposición de la familia se debe al olvido de esta antigüedad. Al individualismo de los padres. La familia es el núcleo de toda sociedad sana. La mayoría de las corrientes feministas han contribuido a esta desestructuración familiar en su lucha por la igualdad de género. Pero el género es un constructo cultural que, a diferencia de la maternidad, y en términos de familia e hijos, ha generado un desbalance sustancial en las sociedades de nuestro tiempo. Varones y mujeres iguales sin diferencias ostensibles, sin características propias de cada sexo. Una sociedad de andróginos.

Ambos miembros del matrimonio salen temprano a trabajar. Producen dinero. Uno más, otro menos. *Roommates* que por casualidad tienen sexo. Sin embargo, cuando nacen los hijos, el ámbito de la producción debe ser del varón y el ámbito temporario de la reproducción de la mujer. La pareja varón-mujer gobierna la familia humana como en la naturaleza el día y la noche. Lo frío y lo caliente, mareas y contramareas. Caras de una misma moneda que se complementan y aseguran el equilibrio del Universo. La igualdad de género sólo será posible si logramos respetar las diferencias complementarias entre varones y mujeres. Aquellas que nos acercan en lugar de enfrentarnos. Si eres feminista léelo de esta manera: Igualdad en la diferencia.

3) Por último, tener un respaldo económico con el fin de priorizar al hijo durante los primeros 6 años de su vida. ¿Qué quiero decir con esto? Estar con ellos la mayor parte del tiempo, durante este período crucial en la estructuración del psiquismo humano. Nuestra personalidad adulta es producto de las semillas plantadas en esos años esenciales de la vida. De hecho las enseñanzas y experiencias emocionales tempranas se profundizan aguardando florecer en la pubertad. Nada que puedas aportar luego de ese período modificará lo aprendido anteriormente. Para que dicho proceso resulte exitoso necesitas el respaldo suficiente que te permita acompañar el desarrollo de tu retoño. Por supuesto que puedes trabajar o estudiar por Internet. Con esto le darás una dosis de frustración que, en pequeñas cantidades, es imprescindible como las vacunas. Sin embargo, no exageres. De pequeño él deberá estar en primer lugar. Recuerda una cosa es consentir y otra proveer lo necesario. De esta forma, el lento camino hacia su independencia y la tuya comienza a desen-

volverse. No te apresures a tomar la decisión. No mires a tu alrededor. No copies. Espera, prepárate y lánzate a la maternidad provista de estos soportes básicos. Veremos porque.

CAPÍTULO III

EL NACIMIENTO DE TU HIJO Y EL ROL DE LA ABUELA EN SU VIDA

Cómo vive el parto tu bebé

En definitiva, el lento camino hacia la independencia adulta se encuentra salpicado de valiosos momentos. Imperdibles y preñados de amor responsable. Etapas facilitadas por la presencia consistente y amorosa de la madre. Una madre que comprende las vicisitudes por las que atraviesa su bebé en esta primera fase posterior al nacimiento. *La madre*, aquella que renuncia a su narcisismo por el bien del hijo. Un renunciamiento que comienza en tu vientre de mujer. Caldero mágico donde se gesta la epopeya de la vida. El paraíso terrenal. Tu vientre, ilimitado de cobijo, protección y alimentos. En él, tu hijo, aprenderá el primer destierro. El primer adiós. La primera desilusión. Ejemplo de todas las pérdidas y duelos que sufrirá a lo largo de su vida. Presta atención.

Imaginar el desamparo que siente tu bebé antes, durante y luego del parto es tarea casi imposible para ti o cualquier mujer por cuanto en esos instantes cruciales, lo único que podemos pensar es en el dolor. En la epidural que no llega. Piensas en aguantar lo que se pueda o empujar con ganas. Pero, ¿qué sucede con tu niño?

Imprecisa pero válida la siguiente metáfora te ayudará a comprender de manera aproximada el desamparo y angustia de tu niño durante el proceso del parto.

Imagina que duermes en tu cama cálida y mullida durante una noche de crudo invierno. El calorcito del ambiente y los últimos ruidos de la casa se mezclan con tu sueño. Qué rico se siente. Es una de esas noches que esperas dormir de corrido. Sin ruidos ni sobresaltos. Arrullada por la promesa de un café humeante en la mañana. Sin embargo luego de algunas horas, algo extraño interrumpe tu sueño. Un cambio de temperatura y sensaciones corporales. Despiertas desnuda sobre un suelo helado. Tiritas. Voces a lo lejos hablan en un idioma que desconoces. Figuras fantasmáticas. No puedes ver ni oír demasiado. Alguien te levanta con fuerza. Manos grandes. Brazos enérgicos. Y tú allí débil, impotente. Temblando y retorciéndote. La extraña sensación se incrementa. Algo así como una presión intensa en el pecho. Tus pulmones se expanden por primera vez. Respiras. El grito se torna llanto. Tu cuerpo se agita incapaz de una acción coordinada y eficaz. Sientes el más frío de los desamparos. Quieres regresar a tu cama. Al calor. Pero no puedes. Prisionera de una pesadilla real y actual.

Si eres un recién nacido, lo único que puede consolarte en medio de ese caos, son los brazos tiernos y el olor inconfundible de tu madre. La cama mullida a la que regresas. La leche tibia que te alimenta y provoca la primera experiencia de satisfacción. De cobijo y apaciguamiento. Esa que jamás sentirías librada a tu propia suerte.

El llanto es el único recurso con el cual la naturaleza ha dotado a la cría humana. En el infante el instinto de autoconservación se encuentra por completo atrofiado, de modo que la vinculación física y afectiva con la madre, es lo único que garantiza su supervivencia.

Los lazos afectivos con la madre son extraordinariamente poderosos en esos momentos. La serie de intercambios que se desarrollan entre el niño y tú redundarán en beneficios para ambos. ¿A qué me refiero y cuál es la razón por la cual una niñera no podría sustituir tu presencia? Debido al proceso del parto, tu organismo libera hormonas poderosas que te ayudan a crear vínculos estrechos con tu bebé. Entre ellas, la oxitocina, la hormona del enamoramiento. Sí. Digámoslo claramente, debes estar enamorada de tu hijo para brindarte a él. No lo entiendas mal, es un amor químico que la naturaleza provee para la continuación de la especie. Un amor que se transforma en sustancias curativas para tu bebé. Si has desarrollado un robusto instinto materno, estarás en condiciones óptimas de utilizarlas y ofrecer a tu retoño la mejor prescripción médica para su salud. Entonces, el intenso desasosiego que siente tu pequeño debido al trauma del nacimiento, será absorbido por ti que lo calmas con caricias y le dices que todo está bien. De no suceder esta relación pacificadora, específica y especial crecerá con dificultades para formar relaciones humanas íntimas y emocionalmente saludables. Le será complicado aprender, trabajar, amar y procrearse. Cuanto más lo acaricias y le dices que lo amas menos enfermedades sufrirá y más amable y piadoso será con los demás. Claro que para eso, tú debes sentir que nada interesa por encima de tu hijo durante sus primeros añitos de vida. Un proceso de amoldamiento mutuo en que cada uno influye benéficamente sobre el otro en forma recíproca y en circuito. Sólo tú mamá puedes adivinar sus necesidades físicas. Cómo ocurre, no lo sabemos, pero ocurre. Sólo tú puedes despertar ante un quejido del niño y no ante ruidos más fuertes. Sólo tú puedes adivinar una fiebre en curso.

La comunicación entre madre-hijo, en ese momento, es puramente intuitiva. Gracias a este tipo de comunicación preverbal el infante va pasando gradualmente desde la *recepción* de señales que provienen del interior de su cuerpo (temperatura, sueño, hambre, dolor) a la *percepción* en donde las señales llegan desde afuera vía órganos de los sentidos (vista, oído, olfato, tacto, gusto).

Como ves la percepción no esta desarrollada en el neonato pero sí en cambio la recepción, mucho más madura y de fiar que la del adulto porque sirve para sobrevivir a través de la madre. Un diálogo sin lenguaje, sin gestos. Inmediata. Intuitiva. Pero si el infante percibe tu lejanía actuará tu rechazo. Se enfermará con frecuencia o será ansioso, dormirá poco. Captará de alguna manera indecible tu desesperación por volver rápido al trabajo, por recuperar tu peso habitual. Mal comienzo para su tierna vida en la cual deberá trabajar para seducir forzadamente a una mamá infeliz que fue madre por accidente o por motivos equivocados.

Al alcanzar la etapa escolar se precipita entre ambos un lento proceso de independencia mutua y readaptación emocional que habrá comenzado tiempo atrás, en pequeñas dosis. Sin costos ni pérdidas inútiles. No es conveniente arrancar prematuramente la rama del árbol. Continuemos con la reflexión.

La importancia del calostro emocional

Tu hijo estuvo en tu panza. Conoce tus olores, los ritmos de tu corazón, el sonido lejano de tus palabras que lo pacifican. Que le resuenan. Todo ello es familiar para él. ¿Has visto de qué forma se tranquiliza sobre tu pecho? De a poco y, gracias a este apego y consistencia, a no pasar de mano en mano, una oscura conciencia de realidad surgirá lentamente. Sin la constancia y tonalidad de tu presencia las cosas avanzarán, sin duda, pero de manera deficiente. ¿Alguna vez sufriste el cambio continuo de profesores en tus años estudiantiles? Te ofrezco ésta débil e insuficiente analogía con el fin de dibujar una comprensión aproximada. Luego de acostumbratre a sus explicaciones. A sus pausas y resúmenes venia el reemplazo y una nueva adaptación. He conocido personas que por motivos laborales se mudan varias veces al año. Si trasladamos estas frágiles comparaciones a la escala de necesidades del bebé, impotente y acuciado por tensiones internas que no sabe procesar, el resultado es trágico. Al menos tú eres un adulto. Tienes un "Yo", una personalidad. Tal vez no sepas quién eres y lo que quieres en la vida pero puedes comprender la realidad. Posees defensas contra la ansiedad y la pérdida. Tienes lenguaje para expresar enojo y aliviarlo a través de las palabras. El niño sólo te tiene a ti para significar su realidad. No puede cambiar de brazos a cada rato porque esto significa regresar siempre al punto de partida. Por otra parte, nadie puede sostener a tu hijo mejor que tú. Sólo tú estás en condiciones de identificarte, quiero decir poder comprender sus estados de ánimo. Empatizar con él. Lo denomino *calostro emocional*, que al igual que la leche materna, es una vacuna fabulosa y gratuita que dura toda la vida. No retires el pecho psicológico antes de tiempo. Tampoco lo perpetúes. Ni consentido ni abandonado. Término medio. Balance.

No se trata de pasar el día entero pegada físicamente al niño como escuché decir a una joven: "¡Sin mi día *off*!". El pequeño debe saberte cerca pero no aglutinada. Necesita tu presencia-ausencia. Saber que acudirás cuando te necesite a satisfacer sus necesidades. El cuarto contiguo, el *living*. Deberá aprender a dormir en su cama, de a poco. Hay niños que se adaptan más rápido que otros. Analiza. Observa a tu bebé.

El deseo de ser alguien en la vida surge de la falta. De la carencia. No hablo de la carencia de necesidades básicas. Ni de tu ausencia del hogar durante los primeros 6 años. Nace del equilibrio. Saber qué ofrecer y qué limitar. Por esta razón debes establecer un sano término medio que luego extenderás a sus demandas de regalos o salidas. Recuerda ni poco ni mucho. Evita la desmesura. La *hibris* de la que hablaban los griegos.

Concluimos que, además de satisfacer las necesidades básicas apuntadas, un niño necesita satisfacer su necesidad de madre cercana y atenta en lugar de un sustituto o cuidador primario, como se dice ahora.

El rol de la abuela

A esta altura, tú, joven mami, te sientes contenta porque tu mamá te lo cría mientras tú trabajas *full-time*. Pero mira, te comento lo siguiente; las abuelas no debemos criar a los nietos aunque podemos ser, por cierto, un excelente auxilio en caso de enfermedad o vacaciones de los padres, que no es lo habitual. Fíjate que, a las abuelas, se nos ha detenido el reloj biológico. Todo lo que hagamos si criamos a nuestros nietos lo haremos a puro corazón, a puro amor. A puro esfuerzo físico. Ya hemos criado, ya nos hemos esforzado. Es hora de disfrutar a los nietos en familia los fines de semana. Dar consejos. Estar cerca. Visitarlos y jugar con ellos. Cocinarles algo rico. Ahora es el tiempo de nosotras. El momento de disfrutar, cumplir sueños largamente demorados porque cuando éramos muy jóvenes, primero estuvieron ustedes, amados hijos.

La maternidad, amiga, es una cuestión intransferible. Una responsabilidad. Recuerda: *ser madre no es un destino sino una decisión consciente*. El escritor Antonio Guijarro escribió un libro estupendo "El Síndrome de la abuela esclava" Consúltalo. Se refiere al abuso de las abuelas en las sociedades capitalistas. No digo que tú lo hagas. Pero piensa. Por más experiencia y deseos que la abuela exprese es tu sagrada responsabilidad, de lo contrario amiga, piénsalo dos veces. No tengas hijos.

¿Por qué digo esto enfáticamente? ¿Por qué remarco, en particular, la paradoja de concebir una vida para luego delegar su crianza en manos de una niñera o de la abuela? La contradicción es evidente para quien quiera verla.

¿Por qué razón, amiga-madre, quisieras privarte de ese sacrificio placentero, de ese dulce agobio de las horas de crianza, donde el cansancio se mezcla con la satisfacción de verlo crecer minuto a minuto? ¡Cuánto orgullo! Tú eres el auxilio biológico de tu hijo, su bastón y único sostén en los primeros años de vida. Tenerte a su lado durante el proceso que lo llevará de la dependencia absoluta a la independencia adulta. Que lo transformará en un ser maduro, adaptado y sociable. Todo aquello que seremos como adultos es el resultado de las experiencias vividas en nuestros primeros 6 años de existencia. Insisto. No por casualidad la escolarización comienza alrededor de esa época. En las últimas décadas la edad de ingreso a la sociedad-escuela ha cambiado de manera drástica. Si bien el período de enseñanza primaria comienza a los 6 años, en las sociedades capitalistas un nuevo fenómeno ha surgido con ímpetu. El fenómeno de las guarderías o jardines maternales de 0 a 3 años. Necesitamos desligarnos de los hijos desde que nacen para producir dinero. La asistencia en estas guarderías no siempre es de alta calidad. Y aquellas con los mejores estándares representan un presupuesto que pocas familias pueden afrontar.

Si dejamos de lado los riesgos mencionados, dejar al infante a tan tierna edad implica forzarlo a sobreadaptarse. A crecer de golpe. En cualquier momento ese falso equilibrio puede quebrarse. Cuando falta la madre el tiempo necesario, la independencia ocurre de todas maneras, pero es prematura y crea en el hijo un *falso yo*. Un niño que parece un adulto pero no lo es. Tarde o temprano ocurrirá una regresión al período perdido. Pero será tarde. Recuerdan la famosa historieta de Don Fulgencio, el hombre que no tuvo infancia. Un hombre de negocios apegados a conductas infantiles. Comprendamos que en la naturaleza todo lleva un tiempo de maduración. El embarazo, la Tierra alrededor del Sol y de sí misma, las estaciones, etc. Durante los primeros 6 años de la vida humana, en especial, durante los primeros 36 meses, ocurren hitos o momentos cruciales del desarrollo psico-físico del pequeño que no alcanzará satisfactoriamente, sin la presencia amorosa de la madre y la cooperación altruista del padre. Sin celos ni reproches, permite que la esposa se ocupe del hijo casi con exclusividad. Dichos hitos en el desarrollo psicológico del niño se despliegan en tres grandes etapas indicadas por la Psicoanalista y Pediatra, de origen austro-húngaro, especialista en Psicología infantil, Margaret Malher. Elijo esta profesional ya que describe con detalle, la trascendental tarea de la madre en dicho desarrollo.

Las próximas líneas tienen carácter de síntesis y de aproximación a una serie de conocimientos imprescindibles y profundos que deberán ofrecerse a los futuros padres desde una plataforma de enseñanza que he denominado la *Universidad de la Familia*.

CAPÍTULO IV

DESARROLLO PSICOLÓGICO DE TU BEBÉ. PRIMEROS 36 MESES

Margaret Mahler comenta que el desarrollo psicológico humano se produce en dos etapas diferentes entre sí, no obstante interrelacionadas. *nacimiento biológico y nacimiento psicológico.* Ambas fases, explica, no coinciden en el tiempo. La primera es un acontecimiento observable y espectacular circunscripto al parto que se evidencia entre las últimas semanas de gestación y el primer mes de vida.

La segunda fase constituye un proceso de lento desarrollo ocurrido dentro de la psiquis del niño y cuyos principales logros se extienden desde el 5to mes a los 3 años. Mediante este período el infante adquiere su individualidad e identidad a partir de la lenta separación física de la madre. No obstante, esta última etapa continúa activa a lo largo de toda la vida. Sus resonancias se observan en las conductas desplegadas durante las nuevas y diversas fases de nuestro ciclo vital; adolescencia, adultez, menopausia, andropausia, vejez, donde se descubren conductas derivadas del aprendizaje obtenido en aquella primitiva infancia. He aquí otro ejemplo destacado de la extrema importancia que reviste para el ser humano la relación con la madre durante los primeros años de existencia.

Nacimiento biológico

Está conformada con dos subfases: Autismo normal y Simbiosis normal.

Autismo normal

Te sorprenderá descubrir que, en efecto, existe un autismo normal. Se desarrolla durante las últimas semanas de gestación y el primer mes de vida. Se define como un estado centrado en el cuerpo. Etimológicamente, autismo significa retirada a uno mismo. Un estado similar a la vida intrauterina. Como ya explicamos, tu bebé es un ser totalmente abierto a sus estímulos internos (sensaciones de hambre, sueño, sed, etc.) pero prácticamente cerrado aquellos que llegan del ambiente externo. No reconoce a la madre ni al ambiente a su alrededor. Esta conducta es una maniobra de protección que apunta a la supervivencia. Una maniobra de encapsulamiento que lo protege de lo que siente como impactos perjudiciales provenientes del mundo exterior. Ilustro lo dicho con la imagen de una tortuga. Tu bebé es hipersensible a lo que sucede afuera de sí mismo por lo cual la biología lo provee de una fuerte barrera antiestímulos que le impide salir del caparazón. Por lo tanto, no distingue entre el mundo externo y su mundo interno. En cosas animadas o inanimadas. El neonato es un organismo puramente biológico. Receptáculo de tensiones internas que debe descargar para mantener su equilibrio orgánico. Y lo hace vomitando, retorciéndose, llorando. Conductas que prevalecen las primeras semanas de vida. No tiene conciencia de la madre que lo sostiene, calma y alimenta. Que satisface sus necesidades básicas. El pecho es parte de sus propios ritmos no un objeto separado de él. Pensarás, si el niño no me reconoce como su madre, ¿qué diferencia hace que lo críe yo u otra persona? Ojo. No es así. Relee párrafos anteriores.

Autismo Normal

Te interesará conocer la diferencia entre *autismo normal y patológico* y por eso aquí te la ofrezco. El autismo patológico es un trastorno del desarrollo que surge apartar de una perturbación ocurrida en la etapa del autismo normal. El niño queda fijado a esta fase autística del primer mes de vida. No sale de ella. No reconoce a la madre ni a su entorno. Hay un muro helado entre el autista y el mundo a su alrededor. La barrera antiestímulos externos parece no haberse levantado. Muchas son las causas; hormonales, psicológicas, ambientales. De acuerdo con algunos psicólogos, predisponen a este cuadro, golpes corporales o escenas de violencia entre los padres. Manipulaciones médicas dolorosas. El psicólogo René Spitz habla de niños separados muy tempranamente de sus madres. También influye al revés, cuando la madre está adherida patológicamente al niño. Recuerda, "el término medio".

En el autismo patológico profundo el niño niega la separación de su madre y la existencia del mundo externo. Recuerden: *reconocer a la madre como un "otro" es precondición para reconocer a los demás y salir a la vida.* Se habla de la falta de empatía del niño autista. Ocurre debido a que la amígdala, zona del cerebro donde se procesan las emociones y la capacidad de ponerse en el lugar del otro, no funciona de manera eficiente. Así como tampoco, la capacidad para reconocer en el rostro del semejante las señales de tristeza, alegría, preocupación.

Es conveniente aclarar que el autismo no es una enfermedad sino un conjunto de anomalías. Signos y síntomas que impiden el desarrollo social del niño. Se denomina, por lo tanto Trastorno del Espectro Autista (TEO) que presenta muchos grados desde un autismo profundo, ya señalado, a un autismo de alto funcionamiento descripto por ciertos autores como síndrome de Asperger.

Referencia: En el caso del autismo, un *signo* es cuando al llamarlo por su nombre no responde y un *síntoma* cuando es incapaz de comunicarse e interactuar con la sociedad.

Simbiosis normal

¿Qué significa la palabra simbiosis? Este vocablo fue extraído de la biología. Dentro del mundo animal una relación simbiótica es aquella en la que dos especies se benefician, por ejemplo, el pájaro boyero come las garrapatas del lomo de la vaca, donde vive. Con lo cual la vaca tiene un peluquero gratis y el pajarito comida. La simbiosis es la fuerza más importante de cambio sobre la Tierra, ya que se trata de una fuerza de cooperación para formar nuevos colectivos sociales. En el vínculo simbiótico entre madre e hijo, mientras el niño se beneficia con suficientes alimentos y cuidados, la madre tiene la oportunidad de prolongar el embarazo de manera extrauterina. La fase simbiótica se anuncia sobre el fin del 5to mes cuando el niño comienza a percatarse lentamente, del mundo exterior. Sin embargo, todavía no es capaz de manejar la realidad y adaptarse a ella. Aún no ha desarrollado un *yo*, vale decir, una base de datos aprendida que incluye reglas, defensas, valores, ideales. Su *yo* es aún inadecuado para la supervivencia. Los humanos tenemos, por desgracia, el instinto de conservación atrofiado. Para eso la naturaleza puso a mamá. La empatía por parte de una madre, obviamente maternal, sustituye entre los seres humanos, los instintos en los que se apoya el animal para sobrevivir. Empatía, indicamos, significa la capacidad de ponerse en los zapatos del otro. De comprenderlo. La madre se pone en el lugar de su bebé y comienza a funcionar como una suerte de *yo auxiliar*. Alivia sus tensiones, sus necesidades porque las siente como propias. Se conmueve, es decir, se mueve con los ritmos del bebé.

SIMBIOSIS NORMAL

La vinculación psicobiológica entre la madre y el niño, en este período, complementa al *yo* precario del infante. Dicha relación entre madre e hijo, se denomina *díada materna*. Un estado de interdependencia mutua en el cual hijo y madre se comunican mediante señales, signos, gestos, posturas dentro de un clima afectivo formado por afectos fastidiosos y placenteros. Comunicación preverbal, similar en muchos aspectos a la comunicación animal. Los expertos indican que el lenguaje animal es *egocéntrico*, centrado en el sujeto y no en el semejante que sería el lenguaje social *alocéntrico*. Cuando un caballo relincha no intenta enviar un mensaje, más bien responde de manera refleja a un estímulo. El ser humano ha heredado este lenguaje animal-egocéntrico como parte del material filogenético. Y lo utiliza en sus primeros meses de vida. Luego y gracias a un desarrollo sano de su personalidad insertará el lenguaje alocéntrico, dirigido al otro con voluntad, de manera consciente. La culminación de este proceso será la adquisición del lenguaje también llamada *función simbólica* porque, no cabe duda, las palabras son símbolos que representan cosas. Algunos podrían llamar a la comunicación en la simbiosis materna, extrasensorial o telepática, pero es arriesgado aseverarlo. Aquí la madre no es representada en la mente del niño como un ser separado de su cuerpo. Similar al autismo normal, difiere, no obstante, en lo siguiente; mientras en el autismo normal no hay comunicación madre-infante ya que el bebé no registra la existencia de la madre. La díada se caracteriza por intercambios e influencias mutuas entre el bebé y su mamá. Fíjate de qué manera se comunican en ambas etapas.

Freud, en un magnífico libro *Proyecto para una psicología científica* (1895) trata de como surge la comunicación en la diada. Frente una necesidad interna como el hambre, el bebé llora y manifiesta emociones referidas a esa sensación, pero no puede ir a buscar el alimento. Su llanto atrae, entonces, la atención de la madre quien satisfará finalmente su necesidad. Freud lo denomina "La vivencia de satisfacción" que siente el infante gracias al auxilio del cuidado ajeno. El cuidado de la madre.

Simbiosis infantil patológica

Al igual que el autismo, la simbiosis también presenta una forma patológica o enferma. Aquí el infante ha alcanzado la fase normal de simbiosis con la madre pero distorsionada. El niño continúa sintiendo a la madre como parte de sí mismo. Fusionado con ella. Existe una fijación a la fase de simbiosis normal más allá de lo adecuado. No logra su nacimiento psicológico. Si dicha fase no es superada no alcanzará la independencia necesaria para su crecimiento. Por lo cual algunos autores la consideran, también, una suerte de autismo secundario.

Pasemos a la segunda etapa del desarrollo psicológico infantil. Un momento definitorio ya que constituye la separación fundamental del niño respecto de su madre de cara a su individualidad y hacia las relaciones con los otros.

Nacimiento psicológico

Individuación-separación

Al finalizar el 5to mes ocurre la salida de la unidad simbiótica con la madre. Se rompe el cascarón. Concluye la gestación extra-uterina. Se produce el *nacimiento psicológico*. Comienzo de la separación-individuación. Dos aspectos separados pero íntimamente intervinculados.

Separación

Mediante esta instancia el infante comienza a comprender la distancia de la madre. A conocer los primeros límites. Descubre, lentamente, el mundo a su alrededor y a su mamá. Receptivo y alerta a las voces y sonidos de su ambiente de la misma manera que antes estuviera receptivo a los estímulos provenientes de su cuerpo. Comienza un ensayo de su futura libertad e independencia del primer objeto de amor para varones y mujeres; mamá.

Individuación

La individuación consiste en el desarrollo del EGO y de las habilidades cognitivas. ¿Qué decimos cuando hablamos del EGO? En el lenguaje coloquial se define como "exceso de autoestima". Es un individuo egoísta o egocéntrico decimos. Sin embargo, desde el punto de vista de la Psicología el EGO es una instancia o lugar de la psiquis a través de la cual una persona se reconoce así mismo y a sus semejantes. Un *yo* que convive con otros *yo* diferentes a él. ¿Qué es la psiquis? El conjunto de procesos que hacen a la mente humana. Esta instancia le permite saberse dueño de una individualidad distinta y única, sentirse feliz y lograr objetivos sin perjudicar a nadie ya que acepta las reglas y parámetros sociales.

Las habilidades cognitivas son las facilitadoras del conocimiento; atención, memoria, elaboración, que en esta etapa comienzan.

El punto máximo de este período de individua-ción-separación se alcanza cuando el niño logra *internalizar* a la madre. ¿Qué significa? Es un mecanismo psicológico mediante el cual el infante mete en el interior de su psiquis la imagen de la madre. La incorpora como se incorpora un alimento. Desde ese lugar, la madre, se erige en un escudo protector que le permitirá enfrentar cualquier situación difícil de su vida con seguridad y elevada autoestima. La falta de esta incorporación psicológica de la madre puede resultar, por ende, en inseguridades crónicas y baja autoestima básica.

En conjunto si la individuación-separación no ha sido satisfactoria resultará en problemas para mantener el sentido de su propia identidad en la adultez y quizá un EGO desequilibrado que pueda llevar por un lado al famoso exceso de autoestima o egolatría pero también a un EGO débil y desdibujado.

INDIVIDUACIÓN-SEPARACIÓN
NACIMIENTO PSICOLÓGICO

CAPÍTULO V

APRENDIZAJE DE VALORES, LÍMITES Y CAPACIDADES DESDE EL 5TO. MES

El rostro de mamá, espejo del mundo

Alrededor del 5to. mes de vida ocurrirán cambios en el psiquismo de tu hijo de trascendental importancia para su desarrollo cognitivo y social. Una serie de respuestas a los incentivos provenientes del mundo exterior. La primera respuesta es la sonrisa. El principio de realidad comienza a funcionar en tu bebé a través de este primer signo. Vale decir, reconoce estímulos externos a los cuales responde suspendiendo temporalmente el principio de placer que exigía una atención exclusiva a sus necesidades orgánicas.

La sonrisa frente a cualquier rostro de frente y en movimiento es la expresión visible de un particular modo de organización del psiquismo infantil. En suma, tu hijo-hija se encuentra capacitado para responder con una sonrisa ante cierto y determinado estímulo; una cara sonriente de frente y en movimiento. No es la cara de mamá, todavía. Puedes mostrarle la cara de un monstruo en movimiento y sonreirá siempre que cumpla con estas dos condiciones; de frente y en movimiento. NO SIRVE DE PERFIL. Como todavía no se trata del rostro de mamá, esta etapa se denomina "etapa de precursor de objeto". No asustarse. El objeto eres tú. Significa que prepara las condiciones para que, alrededor de los ocho meses, sonría frente a tu rostro, de mamá, con exclusividad y le provoque angustia un rostro desconocido. Por eso se denomina "La angustia del octavo mes". Mamá es ahora el objeto de amor por primera vez reconocido y valorado. Eureka!

Durante la etapa de precursor -del objeto mamá- ocurre una organización superior de la psiquis que antes no estaba. En este sentido si el niño sonríe ante un rostro con ciertas características es porque de alguna forma recuerda ese signo. La existencia de recuerdos implica una división del aparato psíquico que antes no estaba. En consecuencia, el comienzo de un pensamiento y una memoria de características elementales.

¿Cómo funciona la psiquis de un bebé?

La psiquis de un bebé es comparable a una pantalla de cine sobre la cual aún no se ha proyectado película alguna. Hacia el 5to mes, la relación con la madre promueve la proyección de las primeras imágenes sobre la psiquis del pequeño. Precursoras de la memoria y de todo pensamiento posterior, estas representaciones son las de mamá. Cuando tú te alejas. De a poco le permites desarrollar sus primeros recuerdos. Recuerdos de ti. De tu rostro. De tu aroma. Que tú te alejes significa que comienzas a dejarlo solito en ciertas oportunidades. Por ejemplo, cuando despierta de una siesta, y no estás en el cuarto. Cuando se queda con la abuela porque tú tienes consulta con el médico o un trabajo que cumplir. Su gran ansiedad por verte disparará una primitiva representación mental de tu imagen con la cual se consolará. Este mecanismo sienta las bases de lo que en psicología se denomina, "proceso secundario" imprescindible para el resto de nuestra vida. Mediante dicho proceso calmamos el hambre, pensando en una pizza, mientras esperamos que la traigan. Aprendemos a demorar el deseo. A controlarlo. A que las cosas no son "*ya*" "*aquí y ahora*" De esta manera la psiquis del pequeño comienza acumular recuerdos a partir de una imagen primigenia. La tuya mamá, que cuando te alejas por unos momentos le permites recordarte. Y esto calma la angustia que le produce tu ausencia. Los individuos que no han pasado satisfactoriamente por esta etapa. Que no aprendieron a esperar, son presa de sus impulsos. Del descontrol emocional que los lleva a cometer cualquier crimen para lograr sus deseos. Aquellos que defraudan, los que matan o se quedan en la calle por el juego son personas que, por lo general, no accedieron a este proceso psicológico y humano de suprema eficacia. Mediante el mismo tu hijo sabrá que si quiere tener un auto deportivo deberá trabajar y ganar dinero para obtenerlo en lugar de ir a robarlo.

No sólo tú colega-mamá facilitas el desarrollo del pensamiento y la memoria, sino que tu rostro será, sin lugar a dudas, el primer espejo mediante el cual el pequeño aprende a reconocer sus propios estados de ánimo. Alegría o tristeza. Preocupación o enfado. Descubre si es aceptado o reprobado a través de tus gestos. Aprende quien será en la vida. Como dijo Aristóteles, todos somos al nacer una tabla rasa. No llegamos con un guión bajo el brazo. Por tal razón los padres debemos prestarle nuestro modelo de vida y de costumbres.

Piera Aulagnier, psicoanalista germana lo define como "violencia primaria". Un traslado necesario de la cultura parental a los hijos. Un mapa de ruta. El tema es saber donde detenerse. No caer en lo que luego denomina "violencia secundaria" ya que en un punto el hijo deberá elegir su destino. Trazar su propio mapa.

De todo lo anterior se desprende que el rostro materno es el primer espejo en la vida del ser humano. A través de su mirada y sus gestos de aprobación o descontento, el niño descubre sus diferentes estados emocionales.

Tu bebé se descubre en el espejo

Entre los 6 y 18 meses de vida ocurre en la evolución neuro-psicológica del niño lo que el psicoanalista francés Jackes Lacan denomina *el estadío del espejo*. El pequeño acostumbrado a adivinar sus estados de ánimo en el rostro materno pasará a descubrir la imagen de su cuerpo completo en los espejos en la casa. Momento de suma importancia para la evolución humana que alcanzará un nuevo peldaño. La extrema inmadurez neurológica del infante le impide reconocer su cuerpo como algo propio mucho menos moverlo a voluntad. Sólo alcanza a ver partes en movimiento, una mano, un pie. Recién cuando mamá lo coloca frente a un espejo ocurre, entonces, ese momento fundante de la experiencia humana. Junto al descubrimiento de su cuerpo en el espejo, celebrada con júbilo, escucha las palabras de la madre que le dicen lo hermoso que es y le profetizan un futuro maravilloso. Será médico como el tío Alberto. Triunfador en las finanzas como el abuelo, etc. Le ofrecemos, al niño nuestras expectativas como una guía para vivir.

Dicho ejercicio emocional implica un primer acercamiento al poder de las palabras de capital importancia en el desarrollo de la vida adulta. Un gesto de confirmación que le indica: *ese eres tú*, mientras le señala sus ojos, su sonrisa, sus piernitas que se agitan en estertores. Recién allí, una vaga conciencia de integralidad corporal surge. Algo comienza a tener sentido. La imagen de su cuerpecito completo recortada en el espejo que antes no reconocía. Eso es él. Antes distinguía tan sólo pedazos de su cuerpo. Ahora lo descubre completo. Primera experiencia de totalidad humana. Holística y de suprema importancia. En definitiva, somos un *yo* cuerpo. Un lugar a partir del cual se inscribe la experiencia humana. Sin embargo, no se trata sólo del descubrimiento corporal. La imagen de su cuerpo esta apoyada, ahora por una palabra que lo sostiene y le otorga vida. La palabra de mamá.

En los animales inferiores este proceso significativo no ocurre de igual manera. Un pichón sólo necesita ver a otro pichón para que sus células sexuales maduren. En el ser humano la maduración sucede siempre y cuando la imagen corporal vaya acompañada de la palabra materna que lo connota y significa. Y aquí debemos prestar atención. El poder de las palabras es mágico y trascendente. Bajo su influencia hacemos dichosos o felices a los que amamos. Sabios o ignorantes. Influir, manipular o dar alivio. Criar hijos libres o sojuzgados. Seguros o vulnerables. Si le dices que es un inútil, lo será. De igual forma, será exitoso y feliz si lo inspiras con tus frases de aliento. Si elevas su autoestima.

A partir de los 36 meses, y siempre y cuando las fases anteriores se hayan cumplido satisfactoriamente, tu hijo está en condiciones de separarse de ti y mostrarse independiente. El niño, entonces se presenta en sociedad por cuenta propia. Con su primitiva personalidad expresa disgusto y placer. Es un gran explorador del mundo. De las palabras. Sus miradas buscan y se atreven. Con sed de alcanzar y conocer. Observa a la madre mientras gatea o da sus primeros pasitos alejándose de ella cada vez más a menudo. Se autoafirma. No obstante, a partir de los dos años comienzan una serie de ac-

ciones de parte de la madre que lo ayudará a manejar
sus miedos y encontrarse por primera vez con el valor
de los límites.

La eficacia del *no*

El *no* empieza desde chiquito. Es un organizador de salud y desarrollo. Hacia los dos años el niño comienza
a caminar y a tocar todo. Comienzan las macanas. A
romper objetos. Tú mamá, empiezas a multiplicar los
no, no toques eso, no vayas para allá, etc. Estos *no* son
emocionalmente frustrantes ya que le impiden hacer lo
que le gusta. Tú lo frustras y esa frustración le genera
agresividad hacia ti. El vínculo comienza a ser, por lo
tanto, ambivalente. Antes te amaba, ahora también te
odia porque le impides hacer lo que quiere. En esta etapa comienza a mover la cabeza en un gesto de negación
semántica. Te copia, se identifica contigo. Es él que dice
no. El *no* constituye su defensa contra la frustración y
sienta las bases para la etapa de la obstinación típica
del segundo año de vida infantil. Identificarse con la
madre significa no perderla como objeto de amor. Significa identificarse con una prohibición temprana. Función que el padre recogerá luego. La madre le enseña
los límites en el hogar y en la convivencia. El padre le
enseñará los códigos de la cultura. Prohibiciones que le
servirán para la vida en sociedad.

El *no* es saludable. Nos da alas. Aceita nuestras relaciones con los demás seres de la creación. Porque los

respetamos. Porque les damos su lugar. Estos *no* tienen el valor de un límite. Un andarivel por el cual circulará el tren de su vida. Sin descarrillar.

El miedo a la oscuridad

El miedo a la oscuridad forma parte del proceso evolutivo humano. Una reacción de defensa natural. El hombre primitivo temía a los predadores nocturnos que lo asediaban ya que no podía distinguirlos. El miedo lo obligaba a ocultarse para no caer presa de aquellos. De alguna forma heredamos ese miedo ancestral expresándolo con mayor intensidad en los primeros años.

El miedo a la oscuridad se desarrolla alrededor de los dos años de edad hasta los ocho o nueve. Existen precedentes ya que, por lo general, el miedo crece de a poco a medida que crece la imaginación. Por ejemplo a los ocho meses de vida teme a los extraños porque experimenta angustia ante la ausencia de la madre. A los 2 años siente miedo al abandono si lo dejas en la guardería o con la abuela y a los 4 comienza el miedo a la oscuridad. Y tal vez a los animales. Temores e inseguridades sobrevienen alrededor de los 6 añitos.

Qué hacer si nuestro niño es particularmente susceptible a la hora de ir a la cama. No lo amenaces con ir a su cuarto o a dormir cuando se porta mal. El dormitorio no debe conectarse con un castigo. No le hagas sentir tu desesperación por dormirlo para ver la tele o quedarte sola. Sé paciente. Juega unos minutos con él después de la cena. Un juego que lo apacigüe. Canta una melodía suave, lee un cuento donde no haya brujas o seres maléficos. Deja una luz tenue que no proyecte sombras en la pared. Recuerda que su imaginación por esta época despierta fantasmas que antes no existían. Si está muy asustado, toma su mano y espera que se duerma. Permite que abrace a su osito, pedacito de tela o juguete. En muchos casos el chupete. Veremos a continuación la importancia de estos juguetes y telas.

El significado del juguete preferido

En el camino de la independencia del hombre y la vida en sociedad existen juguetes y objetos que facilitarán esa transición. Por esto se los denomina *transicionales*. El osito de peluche, un pedacito de tela o el chupete constituyen objeto que los pequeños demandan y valoran. Su ausencia es vivida como una tragedia. Estos preciados talismanes facilitan la separación de la madre que de a poco comienza en esta etapa. Por esa razón es casi imposible sacárselo cuando lo esta usando. En particular por las noches. Mamá se va pero, el osito se queda. De esta manera puede soportar tu ausencia. Es necesario permitirle este primer vínculo que el Psicólogo Winnicot denominó *el objeto transicional*. Significa el objeto que nos permite pasar del seno materno a la sociedad. La vida adulta donde tú mamá amiga no estarás constantemente. Un puente y un duelo anticipado mediante el cual acepta de a poco tu ausencia.

¿Cuál es el momento adecuado para retirarle estos objetos significativos, en particular, el chupete? Si tu hijo o hija ha sido convenientemente contenido, comprendido y estimulado no habrá necesidad alguna de acciones violentas como en el pasado. Recuerdo que el médico de mi familia, me arrojó el chupete por la ventana. Cosa rara recordarlo ya que era bastante pequeña. En mi mente recuerdo al Dr. Viglino en el ejercicio de lo que, en su momento, juzgó saludable para mi desarrollo. Aquel médico con absoluta buena voluntad e ignorancia impidió que el proceso se resolviera de manera natural, como debe ser. El niño en un punto lo dejará de lado. Mi hija Bárbara, que hoy tiene 30, arrojó su chupete a la basura cerca del año y medio diciendo de pronto; ¡qué asco!-

Mamá, la gran transformadora

El Psicólogo Christopher Bollas denomina a la madre *el objeto transformacional*. La persona que transforma al bebé en un ser independiente y feliz. Quien lo ayuda en el lento sendero hacia la separación-individuación. Separarse de ti. Tomar distancia para transformarse en una persona diferente, fuerte y autorrealizada. Un ser sin muletas. Que se quiere y respeta a sí mismo al igual que quiere y respeta a los demás. Tú eres facilitadora de este proceso. Tú con tus cuidados y caricias alteras continuamente el ambiente de tu niño. Lo bañas, le hablas. Le cambias el pañal. Desarrollas su motricidad a través del juego. Dichas transformaciones de su entorno hacen que se produzcan cambios internos que influyen en su desarrollo mental. Tu bebé encuentra afecto y seguridad en ti. En la manera que lo arrullas. En la forma en que lo sostienes. Y crece. Y se agranda por dentro. Por eso es importante que solo tú, lo cuides. Aunque él no pueda pensarte. Tan sólo vivirte, experimentarte. Mediante esta vivencia puede captar tu estado mental. Tu ánimo. Si una persona no contó con una madre transformadora, sobrevendrá la patología, la enfermedad.

Sabes que, en casos extremos, un bebé abandonado por su madre, puede morir en lo que se denomina "hospitalismo" o "depresión anaclita" Surge en los bebés que han sido criados y luego abandonados en hospitales. Aunque son alimentados por enfermeras atentas, fallecen ante la ausencia de ese vínculo personalizado con la madre. Tú eres para él un auténtico "yo auxiliar" en el momento en que aún no ha desarrollado el suyo propio. Tú te prestas, te entregas, te brindas y, tiernamente, le traspasas las reglas de la vida. Es temporario, claro está. Luego desplegará sus alas. Creará su propia experiencia. Volará seguro que ninguna caída lo destruirá.

Cuáles son los consejos que los padres pueden aplicar con el pequeño en esta etapa de su vida. Veamos.

Menos electrónicos y más diálogo

Que desde los primeros meses sepa que la computadora familiar PC o Laptop está ubicada en un lugar de la casa común a toda la familia. Por ejemplo, el *living*. Acostúmbralo a que su cuarto y la mesa familiar debe ser una zona libre de tecnología. Sienta el ejemplo con tus propios electrónicos. Crecerá en la costumbre de conversar contigo durante las comidas y conversar con sus amigos por las redes sociales durante las tardes y luego de la tarea por un espacio no mayor de 20 minutos. El tiempo que le otorgues dependerá de cómo ha realizado sus deberes escolares.

Menos computador y celulares y más diálogo, juegos de mesa, caminatas y deportes en familia. Que se acostumbre de pequeñito a la relación humana con aquellos que ama y lo aman por encima de cualquier interés personal. Que se acostumbre a sentir placer junto a ustedes y no pegado a un electrónico. Que sepa que estos aparatos son útiles para el trabajo y estudio pero no así para las relaciones familiares.

Enséñale que su cuarto es un lugar abierto en el cual mamá o papá ingresan a discreción. La política de puertas abiertas en relación con su dormitorio debe establecerse desde el vamos. Sin bien la Psicología moderna aconseja respetar la privacidad del hijo, yo creo aconsejable que conozca y respete primero los límites y reglas de su hogar. Esto le facilitará adaptarse mejor a la comunidad de sus pares cuando crezca. A las fronteras que la sociedad nos impide transgredir. El hogar debe ser un paraíso de contención y amor pero también un lugar donde aprenda los rigores de la vida. Decirle;

mamá y papá trabajaron muy duro para comprar esta casa. Cuando tú crezcas y trabajes podrás comprar la tuya y establecer tu propia normativa. Recuerda prepararlo para la realidad aunque tu estatus económico resulte inmejorable.

Juega con tu niño

Jugar con tu pequeño es una primera forma de *diálogo*. Si sonríe y juguetea contigo, el día de mañana te confiará sus cosas. Me refiero a un juego diario. Libera al principito que ocultas dentro de ti. Juega un ratito. Sobre la alfombra, revuélcate con él. Arma una casa con legos, pinta, dibuja, pega figuritas. Sin mirar el reloj para desligarte rápido. Es beneficioso para ambos. Facilita la relación afectiva. El contacto. Sin juguetes complejos ni costosos. Deja que utilice cualquier cosa a su alcance y lo transforme en una hermosa casa o un castillo.

Cuando voy a casa de mi nieta jugamos a armar un fuerte, como suele hacer con mi hija, su mamá. Usamos dos paraguas gigantes, las sillas del *living*, unas mantas y allí construimos el fuerte. Luego nos deslizamos dentro a charlar, mitad inglés, mitad español. A moldear figuras con plastilina y contar historias divertidas. Si de pronto, en su fantasía llueve, tenemos una estupenda excusa para abrazarnos y tomar un té humeante con tazas y platos de juguete.

Pruébalo hoy mismo. Constituye una experiencia única y enriquecedora. El mejor ejercicio de meditación. Te olvidarás de los problemas laborales y del estrés. Despejarás tu mente por unos minutos mientras estableces una conexión sagrada con tu niño-niña que nada podrá destruir. Te lo recomiendo como ejercicio cotidiano. Sé lo que estás pensando; "¿tengo yo tiempo para estas cosas…?" Pues trata de hacerte el tiempo y comprobarás los cambios en tu carácter y en tu niño. Recuerda: *la cantidad es tan importante como la calidad*.

Qué debe aprender durante esta etapa

Entre el nacimiento y los seis años tu niño deberá adquirir capacidades de capital magnitud para la concreción de su desarrollo personal adulto. De la mano de mamá y papá habrá aprendido cuál es el orden en la familia humana. Será autónomo y auténtico. Habrá desplegado ciertas capacidades y valores imprescindibles para vivir en sociedad. Condiciones del espíritu humano sin las cuales nos destruiremos como especie. Dichas capacidades son las siguientes.

La capacidad para sentir culpa.
La capacidad para estar solo.
Los valores y deberes éticos y morales.
La capacidad para ser amable y compasivo.

La capacidad para sentir culpa

Debes crearle un escenario emocional y físico para que pueda desarrollar la capacidad de sentir culpa. Lo que llamamos el sentimiento de culpa. Tu niño no desarrollará una personalidad adaptada a la sociedad sin el desarrollo previo de dicha capacidad. Vale decir, ofrecerle un ambiente infantil óptimo en el cual pueda sentir una sana preocupación por el otro que reemplace a la indiferencia y una piedad que sustituya a la crueldad. Al comienzo, indicaba que la herencia genética y la congénita del hijo son desconocidas. NO sabemos con que clase de material genético ha llegado a este mundo ni tampoco las experiencias de la vida intrauterina. De modo que sus inclinaciones y predisposiciones permanecerán siempre ocultas a la espera de ser exaltadas u obstaculizadas por el ambiente familiar. *Ser un buen padre o madre implica garantizar el desarrollo de sus inclinaciones positivas y obstaculizar las negativas.*

Durante sus primeros meses, como dijimos, el bebé experimenta estados de intensa ansiedad, en particular por la frustración que le producen el hambre, el sueño, etc. Estímulos que registra, como explicamos, con su sistema de *recepción*. Si bien no se relaciona contigo, si lo hace con tu pecho nutricio. De acuerdo con la Psicoanalista Melanie Klein el pequeño vive entonces tu pecho como "pecho malo" si lo frustra y no le da de comer a tiempo y "pecho bueno" si lo alimenta inmediatamente. Estas vivencias dan origen a los impulsos de amor y odio que recién fusionarán cuando te reconozca como mamá dueña de ese pecho. Alguien diferente a él. Amar y odiar a una misma persona constituyen la muy conocida ambigüedad humana. La ambigüedad esta constituida dos tendencias contrastantes, manifestadas en la conducta; por ejemplo un niño puede besar a la madre y luego, repentinamente, morderla. Incorporar el "pecho bueno" es precondición para el desarrollo normal de todo ser humano. Es una protección contra los impulsos de odio que siente por ti cuando te alejas y la reparación de ese impulso y sus consecuencias, mediante el sentimiento de culpa.

Ciertas personas no sienten culpa, remordimiento o preocupación por el otro. Son antisociales o psicópatas porque no han tenido un ambiente facilitador que desarrolle sentimientos de preocupación por los demás. Se han criado junto a una madre y tal vez, una familia sin empatía o capacidad para ponerse en la piel del otro. Teniendo en cuenta que somos seres psico-bio-sociales una madre de estas características pueda ser el detonante de la predisposición genética negativa de un joven quien si además posee un cerebro psicopático se convertirá en un asesino o un ser sin escrúpulos. Te daré un ejemplo. El neurobiólogo y profesor emérito de la Universidad de California, Dr. James Fallon descubrió, un buen día lo siguiente: en una tomografía obtenida de su propio cerebro detectó en el mismo la típica conformación anatómica del psicópata. Anomalías relacionadas con el autocontrol, empatía, emociones. Como comprenderás, su asombro fue mayúsculo. Escribió, por lo tanto, un libro que denominó "El Psicópata interior" en el cual se pregunta acerca de las causas por las cuales, a pesar de la conformación anatómica de su cerebro, él había llegado a ser un científico reconocido y respetado. Un ser amable y sensible. Encontró la respuesta en los padres amorosos, confiables y cálidos que tuvo. Padres que impidieron la activación de la psicopatía. Esto es holístico. Una enfermedad necesita para manifestarse un disparador ambiental de aquella inclinación de nuestro ADN y de nuestro cerebro. Estemos atentos.

La capacidad para estar solo

A estar solo se aprende en compañía. En compañía de mamá. A tu lado aprenderá esta importante capacidad. Tú le infundes confianza. Disipas sus miedos. Dentro de él, estas tú. Tu pecho confiable y bueno. La capacidad para estar solo depende de la presencia de una madre buena en la psiquis. En el alma y en el corazón. Con el tiempo se encontrará seguro y satisfecho aún en ausencia de situaciones o personas buenas. La madre o el pecho bueno incorporado dependen siempre de un ambiente donde las gratificaciones instintivas hayan sido repetidas y satisfactorias. Un ambiente proveedor de alimentos, cobijo y amor suficientes. Un ambiente en donde también exista la dosis suficiente de frustración. Sólo la suficiente. De esta forma creará un ámbito interno seguro, una madre protectora metida en su corazón (introyectada). ¿Cómo logralo? Mira, el *yo* del niño es una plantita que necesita guía. Necesita, ya dijimos, de la madre como su "yo auxiliar". Un *yo ortopédico*. También lo necesitará para desarrollar la experiencia de soledad. Cuando está a solas sin ti, su debilidad emocional lo llevará a sentirse amenazado. Si te mete adentro de su corazón y de su alma esto no ocurrirá. En el origen de la seguridad y la autoestima básica yace la capacidad de estar solo. No me refiero a estar solo en un cuarto vacío sino a la posibilidad de disfrutar la soledad con uno mismo. A no necesitar personas, objetos o circunstancias que garanticen nuestra seguridad. La madre incorporada en la mente del niño (internalizada) es la garantía para vivir sin bastones. En la vida adulta existen situaciones que menoscaban la autoestima circunstancial de las personas. Una mala nota en la Universidad. Un rechazo del ser amado. Estas situaciones, no obstante, no dañaran nuestra autoestima básica. Nuestra seguridad personal ganada en los primeros años de la vida.

La enseñanza de valores éticos y morales

En un mundo donde se conoce el precio de todo y el valor de nada, como indica Oscar Wilde y el dinero se constituye en el nuevo valor de la época, debes enseñar a tus hijos los valores éticos y morales. Qué está bien y qué está mal. *educarlo* primero y luego *instruirlo*. La formación escolar y universitaria lo instruyen, la educación para la convivencia se la enseñas tú. Un hombre instruido puede ser un erudito pero nunca será un sabio si ignora a los demás. Los valores son las pistas, el rumbo. Recuerda, *a ser libre se aprende con límites*. Ser libre implica reconocer las fronteras que me separan y al mismo tiempo me unen a mis semejantes.

Edúcalos en el conocimiento de la *moral* y de la ética. Dos palabras que se usan indistintamente pero que guardan entre sí significados diferentes. La *moral*, desde el latín *mos* significa costumbre. Un conjunto de normas compartidas y aceptadas que nos permiten convivir de manera ordenada y pacífica en la sociedad. Respeto y valoración de las necesidades del prójimo que es el próximo, el igual, el semejante.

Junto a la moral inícialo en la ética, palabra derivada del griego *ethos* que en su origen aludió al hábitat de las especies animales y se amplió luego para aludir a la conciencia o morada interior del hombre. Esa voz silenciosa pero implacable que nos susurra por las noches cuando apoyamos la cabeza en la almohada. Que premia o castiga nuestras acciones diarias.

Cuatro valores fundamentales serán la base para la enseñanza del resto de los valores conocidos. *libertad, responsabilidad, justicia y verdad*. El primero nos enseña la libertad para decidir nuestro destino, más allá del deseo de los padres y sin perjudicar el destino de mi prójimo. Mi límite, tú límite. Se cruzan. Se inspiran, sin batallar mutuamente. Descubrimos, de esta manera, el valor la responsabilidad. Hacernos cargo de compromisos y conductas contraídas en el ejercicio de nuestra libertad. Con lo cual establecemos justicia para todos otorgando a cada cual y en su justa medida, aquello que le corresponde. Quedamos de esta manera frente al valor de la verdad. Aristóteles decía que la verdad es la única cosa democrática que existe ya que cada persona cree poseer una parte de ella. Si aplicas tu libertad con responsabilidad y justicia en la esfera familiar, tu hijo/hija llegará a comprender que, si bien, la verdad no es una sóla puede muy bien aproximarse a una verdad en conjunto útil a la convivencia.

¿Cómo enseñar los valores en el hogar? A través del diálogo basado en el ejemplo. Perderás autoridad frente al hijo si le hablas de libertad mientras le impides desarrollar su vocación porque es contraria a tus deseos.

Cumple con tu palabra. Si le prometes jugar a la pelota o un premio por sus buenas notas, no lo defraudes, le estarás enseñando a ser irresponsable.

Trata de no mentir si quieres que no mienta. Sé justo para que ame la justicia. No reemplaces tu vínculo parental con dinero. Que te ame y aprecie por tu generosidad emocional y no por tu tarjeta de crédito. Lo siento. Sé que es más fácil prodigar billetes que dedicar tiempo. Pero debes modificar tu perspectiva, si este es tu caso. Recuerda, tus enseñanzas son luces que se encienden en el camino de sus tempranas existencias. Consejos. Ejemplos. Ser claros y honestos. Estar y estar. Ser el Norte, brújula y faro para guiarse siempre en los momentos oscuros de sus vidas.

Ortega y Gasset decía que hasta la más hermosa de las pinturas necesita de un marco para lucirse. El marco no vale nada pero sin él, la pintura no puede ser exhibida. Marcos, fronteras. Límites y alas. Conciencia. Alas para crear. Límites para respetar.

La capacidad para ser amable

Pareciera que ser amable es hoy, una soberana antigüedad. Cada uno en lo suyo y nada en conjunto. Sin escuchar. Sin entendernos. "Donde no reinan las palabras reina Babel". asevera el pensador argentino Santiago Kovadoff. Recordemos que la ciudad de Babel no llegó a construirse porque la gente consideraba al extranjero un ajeno en lugar de un semejante.

La profesora Montessori dice que los buenos modales son el aceite de las relaciones sociales. Por favor, me permitís, gracias, etiquetas que reconocen al prójimo en su dimensión humana. Existiendo a mi lado. Cuántas veces ingresando a un elevador encontramos caras que nos ignoran. Gente que nos empuja alienados en su burbuja. Asegura que tu hijo sea piadoso y amable. Que salude y pide permiso. Que dé las gracias. Una palabra mágica que despierta sonrisas y predispone al buen contacto humano.

Qué sociedad queremos construir. Cuál es el *chip* que implantarás en la mente de tu hijo. Cuál el paradigma. Luego no te quejes.

CAPÍTULO VI

QUÉ HAGO CON MI HIJO ADOLESCENTE

En principio debemos saber de que se trata ser adolescente. Se dice que el adolescente, adolece o padece un sufrimiento. Que pasa por una crisis. La pregunta sería en qué consiste ese sufrimiento y esta crisis. Para separar la paja del trigo digamos que la niñez e infancia del sujeto determinará el tipo de crisis vital, el grado de sufrimiento por el que atravesará cuando alcance la adolescencia.

Podemos decir, en principio, que la adolescencia es una construcción social. Un programa cultural. Mediante las investigaciones de la antropóloga Margaret Mead, descubrimos que ciertas tribus reducen este período a una ceremonia en la cual, los niños pasan de un día para otro a ser considerados directamente adultos. Vale decir que es desacertado afirmar que la crisis de los jóvenes en esta etapa, es una consecuencia de su condición adolescente. Todo lo contrario, la crisis vital de cada joven es la que define su adolescencia. Y la crisis vital estará determinada por lo vivido entre el nacimiento y el comienzo de esta etapa.

La adolescencia no ocurre, entonces, por decreto. Es más, en jóvenes que trabajan y estudian, en algunos casos encargados de sus hermanos o padres. Aquellos que trabajan el campo, la adolescencia no sucede con la intensidad de la adolescencia citadina. Inclusive en las grandes ciudades encontramos adolescentes exitosos y con escasos problemas de esta índole.

Colocar bajo un cronograma rígido la adolescencia y dentro de un estereotipo a todos los adolescentes tiene sus peligros. Por ejemplo, el primero y fundamental es pensar que todos son iguales. Cada experiencia individual tiene un sabor diferente. Y de nuevo, en relación con nuestro pasado infantil.

Suponerlos iguales y profetizar que como es adolescente pasará por tal o cual crisis pre-establecida es suponer que los hechos de la vida son, ni más ni menos, estímulos específicos, como el reflejo rotuliano. Te golpean la rodilla y levantas la pierna involuntariamente. Igual para cada ser humano. Por el contrario, frente a lo que nos sucede, cada cual reacciona de manera diferente. Basado en sus recursos para enfrentar los cambios, su autoestima, el soporte moral familiar. Muchos aspectos.

Dentro de esta etiqueta social denominada *adolescencia* se describen tres etapas. Adolescencia primaria, media y final. De acuerdo con la Psicología dicho periodo se extiende desde los 12 a los 28 años. Te preguntarás por las causas de esta extensión. Parece exagerado. En particular en USA donde los hijos se van a vivir solos a los 17. Bueno, se dice en psicología que un hijo se ve después de los 20. Significa que la calidad de la crianza que le has dado ofrece sus frutos alrededor de esos años. De todas maneras, debo aclarar, en honor al término medio, que existen cambios fisiológicos de importancia en la pubertad precursores de transformaciones anátomo-cerebrales muy complejas. Muchos de ustedes estarán familiarizados con ellos. En particular a través de los innumerables comentarios de divulgación científica que encontrarán en Internet y en los medios televisivos. Sin embargo existen aspectos ignorados que quiero comentarles. Por ejemplo, la sustancia blanca cerebral responsable de la comunicación entre neuronas se desarrolla lentamente, a partir del nacimiento, desde la zona posterior del cerebro hacia el lóbulo frontal. El lóbulo frontal o corteza pre-frontal es la parte responsable de la planificación, razonamiento, control de impulsos. Dicha porción del cerebro recién es bañada por la sustancia blanca alrededor de los 22 años. Algunos arriesgan los 28 años. Implica que un joven antes de los 20, criado en el *limbo* adolescente. Sin estimulación familiar adecuada. Sin padres que lo escuchan. Solo en su cuarto frente a vídeo juegos, tiene muchas posibilidades de tomar decisiones inadecuadas. Descarrilarse. Mientras que un hijo con padres presentes y atentos, compensará la ausencia de la materia blanca con la materia parental incorporada durante su breve pasado.

El miedo a decir *no*

Los padres tenemos miedo a decir que no. No sea cosa que el nene se traumatice. Vamos a dejarlo hacer. Para que se exprese. Para que sea libre. Creativo. Con esta actitud lograremos, por el contrario, hacer de él/ella un ser *reactivo*, esclavo de sus impulsos, gobernado por sus instintos. Debes prodigarte en *no*. Debes emborracharlo de límites puestos con cariño. No estas en la vida de tu hijo para quedar bien o gustarle. Para ser su amigo. Estas para educarlo.

No eres su amigo, eres su padre

Muchos padres fraternizados se hacen "amigotes" de sus hijos. Creen que de esta manera, el nene les contará todo. Será su amigo. De paso sienten que el tiempo no ha pasado para ellos. Se calzan el *jean* de moda y salen con el adolescente, de igual a igual. No te engañes. No eres su igual. Debe existir una profunda desigualdad. Un verticalismo mediante el cual el "NO" que le impones lo ejecuta por encima de sus deseos, del "Hago lo que me da la gana". De adulto cuando las cosas se emparejen podrás ser su amigo.

Aclárale, desde pequeño, que en la casa hay reglas que deberá obedecer. Bañarse a determinada hora, arreglar su cuarto, sus libros, pedir las cosas con amabilidad, sin gritos. Claro que si tú gritas o te enfadas él te copiará. Los hijos fotocopian nuestras conductas.

Dile que su dormitorio es el espacio que mamá y papá le adjudicaron pero que no le pertenece, que ustedes pueden entrar y, revisar sus cosas cuando así lo deseen. Confírmale que cuando crezca y trabaje podrá comprar su propia casa y cerrarla con llave. Podrá decidir su vida. Muchos adolescentes tienen la costumbre de cerrar bajo llave su dormitorio cuando salen. Háblale de horarios de llegada, de permisos. Siempre les dije a mis hijos que en la vida no hay premios ni castigos. Hay consecuencias. No eres su amigo. Insisto. Eres su padre o madre. Mira lo que voy a decirte es de suma importancia. Presta atención, *si tú no le pones límites con amor, la sociedad se los impondrá con violencia.* Los adolescentes que delinquen han sido niños criados sin límites. En toda situación debe haber límites. Fíjate. En las rutas, carreteras y pistas de aterrizaje hay líneas, puntos, luces que demarcan el camino. Sin ellas deambulamos en la oscuridad. A ciegas. Sin rumbo. Ofrécele un camino demarcado a toda luz para que su vida le resulte fácil y placentera.

Tu hijo y el sexo

El tema de las relaciones sexuales es bastante complicado, pero podemos simplificarlo. Muchos padres, ante el miedo a que el hijo/hija tenga relaciones sexuales fuera de la casa, les permiten llevar sus parejitas a la casa y dormir con ellos. No es lo adecuado. Cada quien decide. Estoy de acuerdo en que pasen la mayor parte del tiempo en tu casa con amigos, novias/novios. Ofrecerles un ambiente contenedor. Siempre será mejor que se diviertan en nuestra casa, aunque esto implique mayor trabajo para uno. Claro que debemos trazar un límite, de nuevo. La novia/novio en cuestión puede pasar el día con nosotros, pero por las noches deberá volver a su hogar.

Hablemos con ellos de manera indirecta acerca del sexo. Si piden la charla mejor. De lo contario hay muchas ocasiones como cuando vemos una película juntos o debatimos acerca de un hecho social. En este terreno no es conveniente *prohibir* más bien *guiar*. Claro que para guiar debe existir la costumbre adquirida de dialogar con los hijos en épocas tempranas de sus vidas.

Las primeras parejas del adolescente

Respetar las parejas de los hijos adolescentes y contenerlas en el ámbito de nuestro hogar es de suma importancia para la salud de la relación parento-filial. En especial, me dirijo a las mamás para quienes las novias de los hijos varones nunca caen bien o son insuficientes. Hablo con autoridad ya que soy madre de un varón. Por supuesto incluyo en este comentario el caso de los papás respecto de las hijas.

Las parejas del hijo-hija deben ser atendidas con cariño. Los prejuicios aquí no cuentan. Llevar una amiga o amigo a tu casa es una decisión personal que quieren compartir contigo. De alguna manera y con orgullo te presentan un ser que ellos eligieron y aprecian. Por quien sienten algo parecido al amor.

Qué actitud elegir en estos casos. Dirige tus preguntas y comentarios, invariablemente a la pareja en cuestión. Muéstrate dulce. Pregúntale qué desea comer. Abre el diálogo. No hagas comentarios incómodos. Establece reglas con firmeza y con dulzura. Demuéstrale que puede confiar en ti. Que te interesa su persona por sí misma, sin rótulos. No como la novia/el novio, más bien como un ser que tú quieres descubrir y conocer en profundidad.

Recuerda. Primero le hablas a él/ella y luego a tu hijo/hija. Esta conducta cementará la relación filial y creará un ambiente facilitador para el desarrollo de la tolerancia y la paciencia. Un hogar de puertas abiertas donde *no se permite la discriminación*.

Formas inadvertidas de enseñarle a ser adicto

Cuando hablábamos de perpetuar al hijo en la casa tocamos un territorio muy delicado. El hijo como droga que calma la ansiedad de mamá ante un matrimonio infeliz o un trauma de su historia no resuelta. Por lo general esta mujer convive junto a un hombre que le cede a sus hijos para que lo dejen tranquilo. No le interesa poner la ley del padre. Situación que representa un gran peligro porque no sólo impedimos la independencia sino que le enseñamos a ser adictos, a resolver los problemas con sustancias, objetos, situaciones o personas. Las drogas se combaten con el diálogo ya que se trata de un trastorno comunicacional. Ante un problema de pareja o un viejo trauma emocional consultemos a un Psicólogo. Hablemos en familia. La palabra adicto significa "sin palabra" del latin *a-dictio*. Vale decir que a falta de una explicación a lo que me sucede, una traducción del conflicto a palabras, surgirán estas formas de resolución patológicas. Un sustituto que calma por el momento y nos crea una falsa sensación de bienestar. Yo sé que es muy difícil saber qué hacer. Por eso la necesidad de crear una Institución que enseñe estos secretos. Una cuestión de balance entre dos extremos aglutinamiento y dispersión. Una familia muy dispersa se desintegra y una muy aglutinada impide el crecimiento y diferenciación de sus miembros. Siempre los perjudicados serán los hijos. Encontremos el término medio. La situación holística.

Ya sabes, si quieres que no se drogue, no lo transformes en tu droga predilecta. Tampoco sucumbas tú a sustancias permitidas. No mantengas un botiquín lleno de remedios e ingieras una aspirina por cualquier cosa. No bebas alcohol o fumes como una forma de relajar las tensiones del día. Recuerda. No podrás establecer autoridad en el tema si te drogas deliberadamente frente a él con cualquier sustancia por inofensiva que parezca. Tampoco tendrás autoridad en el tema si además, realizas compras de manera compulsiva. Se denomina adicción sin sustancia.

En los Estados Unidos es común que las mujeres bajo extrema exigencia, hijos, trabajo, pareja, gimnasio apelen a una droga denominada Retalin que les ofrece un *boost* extra y les permite incrementar su rendimiento. Enseña a que el mejor de los suplementos energéticos y el mejor *boost* es una sana vida emocional. Buenas relaciones de pareja y con los hijos.

Ritos sanadores

Comer en familia sin celulares o computadoras.
Escuchar a tu hijo cuando te lo pida
No maltratarlo de ninguna manera.

Comer en familia sin celulares o computadoras.
Desde pequeño enséñale a comer en familia. Ya lo aclaramos. Coloca una mesa bien puesta. Asígnale su lugar en ella. Comparte y charla con tu esposo y con el niño mientras comen juntos. Sabes porqué es importante este ritual familiar que, lamentablemente, hemos perdido. Mira, cuando el niño se lleva la comida a la boca y busca tu mirada, no sólo ingiere un alimento necesario para su salud física también ingiere tu imagen, la de papá y mamá. La introduce dentro de su corazón y de su alma donde será el escudo protector contra las agresiones y peligros de la vida. Un alimento para su salud

espiritual. Cuando alcance la adolescencia, sin duda, cometerá errores. Sin duda hará picardías. Se meterá en problemas. Todos lo hemos hecho. Sin embargo, no llegará a extremos. No se autodestruirá. Sabrá rechazar una amenaza contra su integridad.

No lleves celulares, televisores, computadoras a la mesa familiar. El momento de la comida es un momento de *comunión* y *comunicación*. De esta forma le estarás diciendo que él es importante, que tienes los oídos muy abiertos a sus comentarios ya que merecen ser escuchados, aunque se trate de cosas simples. Casi todos los problemas de los adolescentes obedecen a trastornos crónicos en la comunicación familiar. A través de ciertas conductas como puede ser tatuarse en exceso, cortarse, tener malas amistades, fumar o escapar de la casa estará comunicando su necesidad de *padres*. Claro que a los padres nos resulta más cómodo pensar que nació así y que "yo no tengo la culpa". "Me salió mal" decimos. Siento romper la burbuja, amigos. Como dicen los americanos *"wake up and smell the coffee"*. Colega padre-madre, no es así. Si descartamos una enfermedad, diremos que un hijo con problemas es aquel que aprendió esa conducta en el seno del hogar. Es cierto que todos nacemos con inclinaciones y disposiciones. Es también cierto que la química del cerebro es diferente en cada persona. Y esto sí que no lo sabemos. Por esta razón necesitamos cuidar nuestras actitudes frente a los hijos. Podemos ser disparadores de alguna predisposición genética negativa u obstaculizar el desarrollo de la misma.

Qué ocurre si no tienes tiempo para estas ceremonias. Si trabajas todo el día y en verdad no es posible cenar o almorzar en familia. En este caso debes sacarle tiempo a tu descanso. Diseña esto a medida. Piénsalo. Si llegas y el niño ya cenó y está en su cuarto. Atención. Prepara un jugo de naranja, un té y comparte junto a el/ella cara a cara. Puedes preguntarle cómo le fue. Si no quiere comentarte no importa. Tú le comentarás tu día y él, de a poco, se unirá. Demora tu necesidad de relajarte frente al televisor. Te estresarás más aún con las noticias. Créeme no hay mejor manera de encontrar relajación que sumergirte en el universo de un niño o un adolescente. Disfrútalo. Otra forma es asignar un día a la semana para cenar juntos, almorzar o desayunar. Tú eliges. Estas conductas de los padres son a los hijos lo que los cimientos a un edificio. Recuerda él los necesita, como necesita el calcio, las proteínas o los aminoácidos. *Los padres somos el alimento de su organismo psicológico.* No críes un hijo con *anorexia emocional.*

Escucha a tu hijo cuando te lo pida

Cuantas veces tu hijo/hija te han dicho —necesito hablar contigo —y tú muy apurado le contestas —ahora no puedo, más tarde hablamos. Más tarde nunca llega o si llega puede ser definitivamente *tarde.* Él te necesita *ahora,* quiere confiarte algo importante. Algo de su vida que le ha ocurrido con un compañero o en la escuela. Tal vez con un maestro. Muchos niños y adolescentes abusados sexualmente, son niños carentes de la cercanía necesaria de sus padres. De esa intimidad que es una barrera contra la tristeza, el desánimo y la baja autoestima. Confía en él. Aquello que te cuente, será palabra santa. Luego habrá tiempo para averiguar la veracidad de sus comentarios.

No lo maltrates de ninguna manera.
Sé que es difícil y frustrante descubrir que nuestro hijo hizo alguna macana, que no estudió o se peleó con un compañero. Siempre lo mismo. Tú piensas, -Yo me esfuerzo y este holgazán lo único que hace es darme problemas-. Debes pensar. Relajarte. No ganarás nada con insultarlo, darle una paliza o denigrarlo. Con el tiempo se transformará en un adicto al conflicto. Peleas y enfrentamientos reiterados que no llevan a ningún lado. ¡Detente! Sabes que un niño sistemáticamente sometido a estas situaciones será un ser menos compasivo, más cruel. El área del cerebro donde se gestionan las emociones denominada amígdala se encuentra reducida un 12% en aquellos niños sometidos a abuso verbal, físico o emocional. Si su inclinación natural es la indiferencia o posee rasgos psicopáticos, estás siendo su disparador.

Aprovecha su actitud contestaría de oposición a las reglas para dialogar. Nunca descalifiques sus afirmaciones por más ilógicas que suenen. Abre la conversación con ciertas frases que te ayudarán. Por ejemplo: (Lo que dices puedes ser muy cierto, sin embargo te cuento mi punto de vista...) Agrega a tus comentarios, autores o libros que hayas consultado. Gritarle, ¡tú no sabes nada! No sirve. Disminuirlo no es la fórmula. Por el contrario, exalta sus aspectos positivos. Nadie puede crecer bajo la sombra de otro. Como las flores se marchitan debajo de un árbol frondoso, tu hijo se marchitará bajo el peso de tu sombra. De tus éxitos, para él inalcanzables.

Tampoco lo compares con el hermano-hermano que siempre hace todo bien. Crearás otra sombra bajo cuya oscuridad permanecerá demorado. O quizá, también, y acá está el peligro, busque demostrarte que él puede ser mejor a través de conductas delictivas. ¡Presta atención! El adolescente "oveja negra" de la familia, encontrará fuera del hogar, amigos y extraños que obtendrán beneficio de sus inseguridades. No exactamente para su bien.

No menciones los éxitos de tu juventud comparándolos con sus logros estudiantiles. Por lo general esta actitud se considera pedagógica cuando el hijo no rinde de acuerdo con lo esperado. Sin embargo, de esta manera sólo lograrás que rinda menos. En especial si eres, de hecho, un individuo al tope de tu profesión. En tal caso, dile que tú no eres perfecto. Que todo lo que alcanzaste ha sido combatiendo la desesperanza, el miedo y los obstáculos. Que la vida esta hecha de muchos fracasos que te llevaran al éxito si decides continuar el camino. En definitiva que tú estuviste en su posición alguna vez.

Tu hijo adolescente está dotado con una gran capacidad creativa. Curioso y lleno de ideas originales. Aprovecha las mismas para debatir juntos. Ensaya el sentido del humor e inspíralo en él. La configuración hormonal bajo estas condiciones, favorece la acción del sistema inmunitario y sin duda, reúne a la familia alrededor de las charlas amenas y divertidas.

En definitiva, los hijos necesitan el aprendizaje de reglas impuestas de manera asertiva. Voz baja, mirando a los ojos. Tolerancia y paciencia. En la mayoría de los casos los padres que gritan luego conceden. Antes de aplicarle una penitencia, asegúrate que podrás cumplirla. Los hijos no necesitan un padre con un ego inflamado. Necesitan un ser humano con el cual puedan *compartir* vivencias, *comulgar* y *comunicarse* en el *cáliz* de la sagrada unión familiar.

EPÍLOGO

La maternidad, verdadera fuente de poder femenino y reparación social nos infunde los nutrientes de la vida. En manos de la mujer está la posibilidad de trascender este malogrado presente y aprender la fe y la creencia en la familia, principal institución que el hombre encuentra al llegar a la Tierra. En ella aprendemos las grandes filosofías de la vida. Los valores. Para sobrevivir y convivir. Un marco de referencia. Casi una religión que nos re-liga con algo superior a nosotros mismos. Reglas, horizontes y fronteras. Coordinadas de la existencia que nos hacen ser por otro y para otro y con otro y desde otro. Marco que nos recuerda nuestra trémula condición humana necesitada de límites, paciencia, comprensión y amor responsable.

Amiga, ayúdame a difundir este mensaje de unión y compromiso para todos. En especial a nuestras hijas y nietas. A las amigas y madres del futuro. A tu compañero. Ayúdame a que estas páginas se proyecten y crezcan hacia un destino de sanación para nuestros hijos y para nosotras mismas. Que se concreten en un programa de estudios. En la *Universidad de la Familia*. Tú eres la hacedora, la capitana de un barco que, sin ti, jamás alcanzará las costas prometidas de la paz y la esperanza para todos.

BIBLIOGRAFÍA CONSULTADA

Bollas, Christoffer. *La Sombra del objeto*. Amorrortu Editores. Buenos Aires, página 35.

Winnicott, Donald. "Primitive Emocional Development", 1945, International Journal of Psycho-Analysis: "Transitional Objects and Transitional Phenomena", 1951, International Journal of Psycho-Analysis.. *Los procesos de maduración y el ambiente facilitador. Estudios para una teoría del desarrollo emocional*, Editorial Paidós, Buenos Aires, 1996, pag. 193.

Castoriadis, Aulagnier, Piera. *La violencia de la interpretación*. 1992. Amorrortu Editores. Buenos Aires

Spitz, René. *El primer año de vida del niño*, Buenos Aires, Ediciones Fondo de cultura económica, 1966. *Primary maternal Preoccupation*, 1956.

Mahler, Margaret. *The psychological Birth of the Human Infant. Symbiosis and individuation*, 2012, Karnac Ediciones.

Tustin, Frances, *Estados autísticos en los niños*. Capítulo I.- Autismo primario normal y autismo patológico. Editorial Paidós-Buenos Aires- 1994.

Klein, Melanie. Volúmen I. *Amor, culpa y reparación.* Editorial Paidós Ibérica, 1990.

Freud, Sigmund. *Proyecto de Psicología para neurólogos. La vivencia de satisfacción,* 1895. Obras completas. Amorrortu editores, 1978.

N. Ferro. *El instinto maternal o la necesidad de un mito.* Madrid, Ediciones Siglo XXI, 1991.

Mintegui, C. Diez. *Maternidad, ¿Hecho natural?* Barcelona, Ariel, pp 155-185.

Lévi-Strauss, C. *Las estructuras elementales del parentesco.* Editorial Paidós, Barcelona, 1981.

Bruce, Fink. *A Clinical Introduction to Lacanian Psychoanalysis. Theory and Technique.* Harward Universty Press, 1956.

FOTOGRAFÍA:
Chaviano studio & production Corp.

ILUSTRACIONES